Mangeterre

DOLORES REYES

Mangeterre

ROMAN

Traduit de l'espagnol (Argentine)
par Isabelle Gugnon

J'AI LU

TITRE ORIGINAL
Cometierra

ÉDITEUR ORIGINAL
Editorial Sigilo

À la mémoire de Melina Romero et d'Araceli Ramos

Aux victimes des féminicides, à leurs survivantes

« toi qui n'as que des mots doux pour les morts »

Leopoldo María PANERO

« Nul ne sait ce que peut le corps. »

Baruch SPINOZA

— Les morts ne traînent pas chez les vivants, il faut que tu comprennes ça.

— Je m'en fous. Maman est toujours ici, chez moi, dans la terre.

— Arrête ton char, tout le monde t'attend.

S'ils ne veulent pas m'écouter, j'avale de la terre.

Avant je l'avalais pour moi, parce que j'étais en pétard, que ça les dérangeait et que ça leur faisait honte. Ils disaient que la terre est sale, que j'allais avoir le ventre gonflé comme un crapaud.

— Lève-toi maintenant. Et va te laver.

Après, je me suis mise à manger de la terre pour d'autres qui voulaient parler. D'autres qui étaient déjà partis.

— À ton avis, pourquoi il y a des cimetières ? Pour enterrer les gens. Allez, va t'habiller.

— Je me fous des gens. Maman est à moi. Elle reste ici.

— Tu as l'air d'une souillon. Tu ne t'es même pas coiffée.

Je regarde la chambre, les murs de planches que maman voulait garnir de briques. Les plaques de tôle du toit, bien hautes, grises. Le sol, mon lit et le côté où elle dormait quand mon daron devenait trop chiant.

« Il n'y aura plus personne de ce côté-là », me dis-je en cachant mon visage dans l'oreiller. Maman me coiffait, maman me coupait les cheveux.

— Tu veux qu'on t'emmène de force ? Arrête, abrutie. Tu devrais avoir honte de faire des caprices aujourd'hui.

Je me lève d'un bond, mes cheveux dissimulent presque entièrement mon débardeur, un rideau qui frôle ma petite culotte. Je m'accroupis, cherche mes baskets, le pantalon d'hier qui doit traîner par terre. Je garde mes larmes pour moi, pour ne laisser sortir qu'une colère qui me donne l'impression d'être pétrifiée.

Je dois sortir de la chambre pour aller dans la salle de bains. Passer devant les gens qui volètent chez moi comme des mouches. Des voisins fouille-merde qui fument et racontent des conneries.

Walter se serait rebiffé. Personne ne lui casse les couilles, à lui.

Maman et moi, c'est fini.

J'enfile mon pantalon, rentre le débardeur à l'intérieur. Je boutonne le jean, monte la fermeture éclair, les yeux rivés sur ma tante. Ce serait bien qu'elle arrête un peu de m'emmerder.

Si je me lève, si je sors de la chambre et marche derrière ces mains qui portent le corps enveloppé de tissu, c'est parce que j'en ai marre, que je veux qu'ils dégagent une bonne fois pour toutes.

Walter ne veut pas venir.

La voir en silence tomber dans un trou béant au fond du cimetière, là où se trouvent les tombes des pauvres. Ni plaque, ni bronze. Avant la roselière, une bouche sèche qui l'avale. La terre ouverte comme une coupure. Et moi qui essaie de la freiner, de la retenir avec mes bras, avec ce corps qui n'est pas plus grand que la largeur de la fosse. Mais quoi que je fasse, maman tombe.

Ma force, insuffisante, n'y change rien.

La terre pleut sur elle comme les coups du daron et je me plaque au sol, comme toujours proche de ce corps qu'on m'enlève, qu'on me vole en quelque sorte.

Et pendant ce temps, les voix prient.

À quoi bon ? Si à la fin, retournée, il ne reste plus que la terre.

Maman et moi, c'est fini.

Elle entre. On la masque. L'oreille à terre, je regarde. Je peux encore respirer. Je croyais que ce serait impossible avec ces côtes qui s'enfonçaient et me griffaient les poumons.

Je garde dans mes cauchemars le son de cet endroit, un ramassis de douleur et de pestilence.

Même le soleil me déroute, il saigne sur ma peau enflammée et mes yeux, brûlants comme si on y avait versé de l'acide, luttent pour ne pas pleurer.

La douleur, un jaune poubelle, jaune fièvre, ou un gris tôle, un gris malade. Seule la douleur semble ne jamais mourir.

Ils vont te laisser ici, maman, tous, même si je ne le veux pas. Même si mes mains ne les laissent pas faire, tu vas rester ici.

Je crois que je ne peux pas grand-chose, juste avaler la terre de cet endroit pour qu'elle ne soit plus mon ennemie, la terre inconnue d'un cimetière qu'on n'a jamais foulé, ni maman ni moi.

Elle reste ici et j'emporte un peu de cette terre en moi, pour, dans le noir, connaître mes rêves.

Je ferme les yeux, pose mes mains sur la terre qui vient de te recouvrir, maman, et la nuit tombe sur moi. Je serre les poings, la prends et la porte à ma bouche. La force de la terre qui te dévore est obscure et a le goût d'un tronc d'arbre. Elle me plaît, me montre, me permet de voir.

Le jour se lève ? Non. C'est le soleil qui éclaire mes yeux et ma peau. La terre semble m'empoisonner.

On me dit :

— Lève-toi, Mangeterre, allez. Lâche-la, laisse-la partir.

Mais j'ai toujours les yeux clos. Je lutte contre le dégoût de devoir avaler plus de terre. Ça ne suffit pas, je refuse de partir sans avoir vu, sans savoir.

Quelqu'un dit :

— Ils n'avaient même pas de fric pour un cercueil ?

Et il m'oblige à ouvrir les yeux.

Maman, tu tombes dans la fosse enveloppée d'un tissu qui est presque un torchon. Qui va me parler à présent ? Sans toi je ne suis rien, je ne veux être personne. La terre me parlera-t-elle ? Elle l'a déjà fait :

On l'a secouée. Je vois les coups même si je ne les sens pas. La fureur des poings qui s'enfoncent et font comme des trous dans la chair. Je vois papa, des mains pareilles aux miennes, des bras forts pour ce poing qui s'est accroché à ton cœur et à ta chair comme un hameçon. Et quelque chose, une rivière on dirait, qui s'en va peu à peu.

Te tuer, maman, et te couper encore tiède de nous deux.

— Lève-toi, Mangeterre, allez. Lâche-la, laisse-la partir.

Première partie

1

Walter a été gentil, contrairement à la tante. Il s'asseyait sur mon lit, écoutait, parlait peu. Il ne se fâchait pas quand je prenais parfois l'oreiller pour dormir par terre, sous le lit, comme si le sommier et le matelas étaient le toit d'une maison construite rien que pour mon corps. Il restait là pendant des heures, avec moi. Il attendait.

J'écoutais les bruits de la maison, je grandissais.

Il arrivait que mon frère me pose des questions sur papa. Il disait « le daron », voulait savoir s'il était venu, si je l'avais de nouveau croisé.

— Je n'ai pas de nouvelles. Je demande à la terre ?

— Non, répondait toujours Walter. Ça va te faire mal.

Un après-midi, j'ai attendu que la tante aille acheter quelque chose à manger et je suis sortie. J'ai cherché Walter dans la chambre voisine. Ils avaient enlevé le grand lit.

« Je suis seule, ai-je pensé. Et si Walter et la tante ne revenaient pas ? »

Je suis allée à la cuisine et j'ai ouvert une conserve de petits pois. Ça me faisait de la peine de les jeter, alors j'ai vidé la boîte sur la table. Un liquide baveux s'est frayé un passage dans le tas qui s'élevait au milieu du plateau. J'ai eu envie d'en manger, mais non. Je devais avoir le ventre vide. J'ai pris un couteau et en ouvrant le tiroir j'ai vu le décapsuleur de mon daron.

Pour interroger la terre, j'avais besoin d'un objet lui ayant appartenu, or ma tante et Walter l'avaient effacé petit à petit de la maison et de ma vie. Ils n'avaient même pas gardé son lit. J'ai pris le décapsuleur et l'ai regardé, puis, heureuse comme si j'avais détenu un trésor, je l'ai glissé dans la poche de mon short.

Je suis sortie pieds nus, les cheveux lâchés, le décapsuleur dans une poche, la boîte de conserve vide dans une main et le couteau dans l'autre.

Assise sur le sol, j'ai passé la main sur la terre où j'ai planté le couteau et l'en ai retiré. Ça m'a plu. J'ai refait ce geste, mais cette fois j'ai laissé le couteau, essayé de le bouger, d'écarter la terre pour l'ameublir peu à peu. La terre est forte mais n'a pas protesté. Quand elle s'est ouverte, j'y ai posé une main que j'ai refermée.

Cette terre dans mon poing, je l'ai déversée sur mon short. À mesure que je labourais la terre en me servant du couteau et de ma main, je l'entassais là. J'ai ensuite tiré le décapsuleur du daron de ma poche et l'ai enfoncé dans le trou. Bien droit, au milieu, et par-dessus j'ai jeté la terre par poignées jusqu'à ce qu'il soit entièrement caché. J'ai essuyé mes mains sur mon short et mes jambes.

Dans cette position, mes cheveux touchaient la terre. Ils avaient la couleur du sol sur lequel je vivais.

J'aurais voulu que sorte ne serait-ce qu'un insecte pour être avec moi, mais ce n'est pas arrivé. J'ai attendu quand même, les yeux rivés sur mes mains, mes jambes et le couteau. Puis j'ai tout retiré, la terre et le décapsuleur, et j'ai pensé à la dernière fois que j'avais vu mon daron s'ouvrir une bière.

Une pensée douloureuse. En rogne, j'ai tout remis dans la boîte.

Je me suis relevée pour rentrer. Une partie du jus des petits pois s'était répandue sur le sol. J'ai tiré une chaise et me suis assise, la boîte dans une main, la paume de l'autre en dessous. Je voulais y verser un peu de terre, mais tout est tombé d'un coup, terre et décapsuleur. De la terre s'est échappée sur le sol. J'ai porté le reste à ma bouche et l'ai mangé avec tout le désir que j'avais de revoir papa. Elle recouvrait ma langue, je fermais la bouche et essayais de l'avaler. Je sentais qu'en passant de ma main à mon palais la terre changeait, prenait vie, qu'en moi c'était une amie, et je continuais de la manger. Quand j'ai eu fini, il ne restait plus que le décapsuleur. Je l'ai léché jusqu'à ce qu'il soit propre.

Et quand j'ai eu le ventre lourd de terre, j'ai fermé les yeux.

*

* *

— Papa est vivant, ai-je annoncé plus tard à Walter et à la tante, quand je les ai vus debout, à me fixer. Je pensais qu'ils seraient contents, mais non. Ils ne parlaient pas. À croire qu'ils étaient gelés. Je me suis précipitée sur Walter pour l'enlacer.

— Sale gosse, qu'est-ce que tu as fichu, bon sang ? a demandé ma tante en m'empoignant le bras pour me séparer de mon frère.

— Walter, papa est vivant, ai-je répété alors qu'elle me tirait en arrière.

Mon frère s'est approché et m'a prise par la main. Il m'a emmenée dans la salle de bains et m'a lavé les jambes avec une éponge, en laissant le robinet ouvert. Pendant qu'il me frottait les bras et les mains, il m'a fait promettre de ne plus jamais manger de terre.

J'ai promis et il m'a caressé la tête. J'ignorais s'il était plus grand ou si c'était moi qui, dans cette position, sa main au-dessus de moi, devenais plus petite.

— Maintenant brosse-toi les dents, a-t-il dit en me laissant seule.

Je me suis regardée dans le miroir et j'ai souri : j'avais les dents couvertes de boue. Ça m'a rappelé papa quand il fumait ses clopes, l'odeur et la noirceur de sa bouche. J'ai pensé qu'ils voulaient l'oublier et que c'était peut-être le mieux à faire. J'ai tourné le robinet, passé la brosse sous l'eau avant d'y mettre un peu de dentifrice, de remouiller le tout et de commencer à brosser.

De retour dans la cuisine, j'ai fait une dernière tentative :

— Ton frère est vivant.

La tante s'est retournée et m'a regardée, furieuse. Elle a sorti son paquet de clopes de la petite poche de son jean.

— Tu es dégoûtante. Si je te vois encore une fois bouffer de la terre, je te brûle la langue avec le briquet.

J'ai eu tellement peur que, pendant un moment, je n'ai même plus osé la fouler, alors j'essayais de ne jamais sortir pieds nus. Quand j'avais envie d'en manger, j'avalais de la nourriture bouillante, dès que la tante la retirait du feu. Je n'attendais pas. Je m'en remplissais la bouche et sentais la muqueuse de mon palais se couvrir d'ampoules. La langue brûlante, je devais ensuite avaler un verre d'eau après l'autre. Je m'empiffrais et mes envies de terre disparaissaient. Le lendemain je mangeais à peine, pouvais à peine parler.

À l'école, au bout d'un moment, ils ont arrêté de nous faire chier. Il n'y avait plus de terre dans mon sac à dos pour salir mes cahiers pendant que des rires étouffés fusaient. Plus de papiers d'*alfajores* – ceux que j'aimais et ne pouvais pas m'acheter – remplis de terre sur ma table. Juste quelques regards, de temps à autre, et un grand silence.

Et tout, sans la terre, s'est bien passé.

Jusqu'au jour où Ana, la maîtresse, n'est plus venue.

2

On l'a cherchée, paraît-il, derrière la roselière.

Pas moi.

Moi je regardais le coin de la cour, là où elle se postait pour surveiller Walter et les autres garçons quand ils jouaient au foot. Elle ne voulait pas que les élèves grimpent dans l'arbre du fond parce qu'ils pouvaient tomber.

Moi j'ai attendu.

Et quand les policiers ont arrêté de la chercher entre les mauvaises herbes et les cabanes, du côté du ruisseau, je l'ai cherchée au bord de la cour, dans la terre où elle plantait ses jolies bottes pour nous regarder jouer.

Je n'avais plus envie et j'ignorais si j'étais encore capable de voir, mais je promenais mes mains sur la terre en me disant qu'elle n'apparaissait pas. Je ne voulais pas la perdre. Je pensais à Ana vivante. À Ana riant. Alors j'ai serré le poing en tâchant d'attirer un peu de sa personne dans ma main, dans ma bouche.

On disait que la blouse blanche était jolie, mais moi je l'ai toujours trouvée nulle. Elle se salissait. Elle était couverte de terre à hauteur des poignets. Le col et le devant étaient dégueulasses.

En rentrant, j'ai songé à la tante qui fumait et à ses briquets. Dès que je suis arrivée, j'ai enlevé la blouse que j'ai roulée en boule et cachée au milieu des plantes. J'ai dit à la tante que je l'avais perdue à l'école, qu'on m'avait demandé de le retirer pour le cours de gym.

— Tu sais quoi, cocotte ? Je commence à en avoir assez, a-t-elle répondu. Je suis venue m'occuper de vous parce que ta mère est morte et que mon frère n'est pas là, mais vous n'en faites qu'à votre tête.

Elle est retournée à ses fourneaux et je ne savais pas si elle s'adressait à moi ou si elle se parlait toute seule :

— Je n'aime pas les enfants, je n'en ai pas eu.

Je me suis assise à table en attendant que ça lui passe et j'ai cessé de l'écouter. Walter n'a pas tardé à rentrer et il s'est installé à côté de moi. Quand il était fatigué, mon frère s'écroulait, les jambes écartées.

La tante est sortie de la cuisine avec une casserole.

— Va chercher les assiettes, a-t-elle demandé à Walter. Et toi, trois verres et trois fourchettes.

On allait se lever quand elle a posé une main sur mon poignet.

— La prochaine fois que vous me faites parler dans le vide, je m'en vais. C'est compris ?

*
* *

— Toi, celle qui dessine près de la fenêtre, lève-toi ! a dit le concierge de l'école le lendemain.

On l'avait envoyé me chercher. Je n'ai pas décroché un mot. Je savais que j'allais m'en prendre plein la figure. J'ai saisi mon dessin à deux mains et lui ai emboîté le pas jusqu'au bureau de la directrice. Tout le monde m'observait.

Ma tante était là. Elle n'était au courant de rien, elle était juste venue réclamer le tablier égaré.

— Qu'est-ce que tu as ? Pourquoi tu me regardes comme ça ? ai-je demandé.

C'est la dernière image que j'ai de la tante en train de me regarder, parce que quand elles ont vu mon dessin, elle et la directrice ont oublié que j'étais là.

C'était Ana, la maîtresse, et son visage tel qu'il était dans mon souvenir et non comme à l'école. Je l'avais dessinée comme la terre me l'avait montrée : nue, les jambes écartées, légèrement repliées sur les côtés, qui faisaient paraître son corps plus ramassé, semblable à celui d'une petite grenouille. Et les mains dans le dos, attachées à un des poteaux du hangar où était fixé un panneau dont les lettres peintes disaient : « ENTREPÔT PANDA ».

— Qu'est-ce que tu avais dans le crâne pour te mettre à manger de la terre devant toute l'école ? s'est écriée ma tante à la maison, avant de me coller une baffe.

Le lendemain, quand on a découvert le corps de la maîtresse sur le terrain de l'entrepôt Panda, elle est partie. Et ni Walter ni moi n'avons plus jamais eu de ses nouvelles.

3

Je n'allais plus à l'école.

À la maison il y avait Walter, ses amis qui entraient et sortaient, et moi.

Je passais la moitié de la journée vautrée sur le lit ou sur le canapé qui était près de la porte. Mon frère avait trouvé du taf dans un garage automobile. Parfois, quand il partait au boulot, j'étais affalée dans le canapé. Lorsqu'il rentrait j'étais toujours là, à regarder mes orteils.

Je pensais : « La terre, pourquoi moi ? »

Walter ne me disait jamais rien. À midi, il apportait de quoi manger pour nous deux et repartait au garage. Il s'inquiétait que j'aie laissé tomber l'école, mais ne pouvait rien faire d'autre que s'inquiéter. La moitié des gamins du quartier étaient déscolarisés. Sauf que moi, je ne travaillais pas et n'étais pas tombée enceinte. Je passais mes journées allongée et donnais un coup de balai pour éviter que quelque chose, je ne sais pas quoi, nous envahisse.

Les seules personnes à nous rendre visite étaient les amis de Walter.

Après avoir bossé pendant cinq mois, mon frère s'était acheté la Play et chaque week-end c'était un vrai défilé : potes, Play et pizza. On avait déjà la télé mais on nous avait supprimé le câble. On ne s'était pas réabonnés, alors l'écran ne servait que pour les jeux.

Les garçons ne s'intéressaient qu'au foot. Quand il y avait un match, ils allaient le voir chez Hernán et me laissaient seule. Hernán était le seul pote de mon frère qui me calculait. Il m'apportait de la musique, des CD piratés qu'il passait sur la Play. Je lui disais « salut » et « merci », pas grand-chose de plus, et lui, un jour, il m'a lancé : « Avec de la musique tu ne seras jamais seule. »

Je n'arrivais pas à dormir. Comme je n'en fichais pas une, je m'endormais plusieurs fois dans la journée et après, la nuit, les yeux ouverts, je m'agitais, je gambergeais.

Je me suis mise à piquer des binouzes dans le frigo. J'avais gardé le décapsuleur de mon daron – tout ce qui me restait de lui –, qui traînait toujours au fond d'une de mes poches. La bière était comme l'étreinte d'une couverture me cachant entièrement, surtout la tête.

Je ne voyais mon daron qu'en rêve. Je me réveillais et ne pouvais plus dormir, alors j'écoutais des centaines de fois les CD qu'on m'avait laissés. J'en avais une pile de douze. La moitié disait « Compilation » et sur les pochettes on voyait des nanas en string. Je les regardais, mais passais un des autres. Je les préférais. La bière finie, la musique continuait et je me rendormais.

Walter ne remarquait rien car avec eux je ne buvais jamais. Mais un matin il m'a trouvée endormie, deux cannettes vides renversées au pied du canapé. Il ne s'est pas fâché.

— Je te laisse trop seule, a-t-il dit en s'asseyant à côté de moi.

J'avais un mal de tête d'enfer.

Au réveil, j'avais encore le vertige et j'ai dû mesurer chaque pas pour atteindre la salle de bains et contenir une envie de vomir qui m'étranglait l'estomac.

On a discuté un moment. Il m'a raconté ce qu'il avait fait dans la soirée et j'ai senti que même s'il n'avait pas grand-chose à dire, j'aimais qu'il soit là, avec moi.

Je n'avais pas de famille, j'avais Walter.

On était dans le canapé depuis environ deux heures quand on a entendu quelqu'un frapper dans ses mains. On nous appelait derrière la grille du jardin. Comme on ne voyait pas grand-chose, on est sortis tous les deux. Cela faisait très longtemps que je n'avais pas été dehors sans chaussures. Le froid de la terre et l'humidité sous mes pieds m'a fait plus de bien que cent débarbouillages.

Lorsqu'on s'est approchés d'elle, la femme qui nous avait interpellés a parlé :

— Je viens consulter.

On s'est regardés mon frère et moi, comme si cette voix s'élevait parce qu'on avait un coup dans le nez. De nouveau ma tête explosait. On ne bougeait pas et elle ne semblait pas avoir envie de partir. C'était une femme vêtue avec élégance.

— Va lui ouvrir, ai-je dit à Walter, qui m'a devancée pour décadenasser le portail.

— Consulter pour quoi ? ai-je demandé à la nana qui s'avançait vers moi.

— J'ai besoin d'aide. Je suis venue pour que tu m'aides.

On est entrés. La maison était une poubelle, si sombre qu'on aurait dit une tanière, mais apparemment la bonne femme ne voyait rien d'autre que moi. Elle s'est assise sans décrocher un mot. Elle attendait, à croire que rester là, à nos côtés, constituait un moment important dans ce qu'elle était venue faire chez nous.

Quand mon frère est allé à la cuisine pour mettre du feu sous la bouilloire et préparer du maté, elle m'a demandé :

— Tu es voyante ?

Elle avait parlé tout bas, comme pour me révéler un secret.

— Non.

— Ne mens pas. Tu es voyante ?

« Quelle grosse relou ! », ai-je pensé. Elle ne me plaisait pas, mais sa question me donnait à réfléchir sur mon cas. Je n'avais jamais eu l'impression de pratiquer la voyance, une chose bizarre qui consiste à croire qu'on peut prédire le bon numéro au prochain tirage de la loterie. Rien à voir avec fermer les yeux et se tenir devant un corps nu étendu par terre.

— Non. Avant je voyais, mais plus maintenant.

— Tu as réessayé ?

Walter étant revenu, je ne lui ai pas répondu. D'où nous connaissait-elle ? Elle n'avait pas l'intention de la fermer, répétait qu'elle avait besoin d'aide, qu'on lui avait dit que là, dans cette maison, vivait une fille capable de voir des choses. Elle avait de l'argent et était prête à payer cher.

— On n'a pas besoin d'argent, ai-je lâché.

— Mais moi j'ai besoin de toi.

C'est alors qu'Hernán a poussé la porte. On n'avait pas refermé la grille et il était entré. Il avait apporté un nouveau CD. J'étais morte de trouille à l'idée qu'il entende cette meuf parler de voyance.

J'étais pétrifiée et Walter, qui devait être dans le même état, lui a demandé de partir.

Avant de mettre les bouts, elle s'est baissée pour ramasser les deux cannettes renversées à côté du canapé.

— Si tu avales des cochonneries par plaisir, pourquoi tu refuses de manger de la terre pour rendre service à quelqu'un ?

J'avais envie de la virer à coups de pompe dans le cul, mais je n'ai pas bougé. Je n'osais même pas regarder Hernán. En suivant des yeux cette femme qui traversait le jardin pour partir, j'ai pris une longue inspiration, puis j'ai expiré lentement, tout lâché, me vidant entièrement. Walter est allé fermer la grille et j'ai respiré.

Hernán avait glissé un nouveau CD dans la Play. La musique s'est élevée.

4

Je crois qu'elle a attendu que Walter s'en aille. Seule, en silence. Sans faire le moindre geste. Une femme cherchant son fils devenu aussi invisible qu'un chat qui chasse un pigeon.

Je la comprenais, elle cherchait quelqu'un.

Je commençais à me rendre compte que les gens à la recherche d'une personne ont un trait distinctif, une marque près des yeux, de la bouche, un mélange de douleur, de colère, de force et d'attente qui prend corps. Quelque chose de brisé où vit celui qui ne revient pas.

J'ai ouvert à la bonne femme, lui ai proposé d'entrer. Elle s'est assise en face de moi, a posé une boîte ronde sur la table et m'a observée un moment. Elle ne cillait pas. Qu'est-ce que c'était ? Du biff ? Des chocolats ? J'avais l'impression que les gens friqués peuvent faire ça, mettre un tas de pognon et de chocolats dans une boîte en fer-blanc et te la coller sous le nez pour que tu dises oui, même si tu ne veux pas.

Je n'aimais pas cette meuf.

Elle s'est mise à parler, a dit que pour son mari ce n'était jamais grave, qu'un enfant peut avoir un peu de retard, qu'il peut disparaître. C'était pareil avant, quand Ian avait deux ans et qu'il ne marchait toujours pas, et pareil maintenant qu'il en avait seize et n'était pas rentré à la maison.

Même pour tout le chocolat du monde, je n'avais pas envie de l'écouter. Mais elle continuait : son absence allait finir par la tuer, c'était douloureux jusque dans sa chair, pire que lorsqu'elle avait accouché.

— Ian, mon fils. Tu vois ? Il n'a jamais fait de mal à personne. Il ne pouvait pas.

J'ai eu peur qu'elle ne la boucle jamais, alors je l'ai coupée.

— Qu'est-ce qu'il y a dans cette boîte ?

— De la terre.

Je ne voulais pas, mais elle a ouvert la boîte qu'elle a laissée comme ça pour que le souvenir de la terre me fasse bien saliver. À l'intérieur luisait une terre sombre, et une part de moi lui a répondu sans un mot.

Je ne voulais pas, contrairement à mon corps. Je l'ai touchée comme si elle représentait tout, l'ai rapprochée de moi sans la soulever de la table.

— Tourne-toi, ai-je dit. Tu ne peux pas regarder.

Ça ne lui pas trop plu. Elle a tardé un peu, réfléchi, puis s'est levée et a tourné sa chaise. Elle n'a pas essayé de m'épier.

J'ai pris de la terre dans la boîte et l'ai introduite dans ma bouche.

La maison s'est assombrie comme si on avait jeté un tissu noir dessus. J'étais tentée d'allumer la lumière pour qu'on ne soit pas englouties par la nuit que la terre avait déployée autour de nous. Tout était si noir, si semblable à un trou profond où ne parvenait pas la lumière du soleil, qu'il ne pouvait rien arriver de bon. J'étais sur le point d'arrêter, de renoncer et d'ouvrir les yeux parce que j'avais peur, quand l'obscurité s'est peu à peu dissipée, comme si quelqu'un allumait des bougies, l'une après l'autre, et les yeux s'habituaient à la pénombre.

Je ne voyais pas grand-chose mais j'entendais bien et c'était la voix de la bonne femme. Elle disait, criait : « Ian ! » Elle a hurlé plusieurs fois ce prénom et, dans la partie la plus claire, au cœur de la lumière, un gamin d'environ huit ans est apparu.

Ce n'était pas un garçon dégourdi, mais un gosse bizarre qui avait l'air perdu. De son corps émanait une lueur ténue, triste, maladive. « Ian », répétait la meuf sans attendre de réponse. Elle a empoigné sa main et a tiré dessus. J'essayais de voir l'enfant, mais c'était impossible. Un homme a surgi à côté de la femme.

— Tu l'as trouvé ?

— Oui. Même pour aller faire pipi, je ne peux pas le laisser seul.

— Il était où ?

— Au fond de la salle où il y avait la fête d'anniversaire. Tout seul.

— Qui l'a amené là ?

— Moi. J'ai pensé qu'il pouvait m'attendre cinq minutes.

Comme liés par un secret, un secret que cet homme refusait de porter, ils ont gardé le silence. Ils le regardaient. Puis l'homme a demandé :

— Pourquoi tu l'as laissé seul ?

— Parce que je ne peux pas l'emmener aux toilettes avec moi ! Il a onze ans !

— Mais il ne les fait pas. Les années n'y font rien, a-t-il déclaré.

Ils se sont tus de nouveau, comme si la lueur triste que renvoyait Ian affaiblissait aussi leurs corps.

Puis il s'est fâché, a repris un peu de sa puissance :

— Pas la peine de t'excuser. Tu t'en fous, toi ?

Le garçon se tenait entre eux deux. Il a fait un pas de côté sans donner l'impression de les entendre, regardait en l'air ou devant lui. J'ai essayé de voir où se posaient ses yeux mais je n'ai rien trouvé.

Ils se parlaient comme s'il n'était pas là. J'ai fait mon possible pour en voir davantage, mais l'image s'est brouillée et les voix sont devenues des murmures de moins en moins audibles. J'en ai eu assez de les écouter, de tenter de distinguer ce que la terre refusait de me montrer.

J'ai ouvert les yeux.

Ma maison était encore plus noire que la nuit qui environnait le garçon perdu.

— Ça ne marche pas, ai-je dit à la nana. Je ne vois presque pas votre fils. Vous, vous êtes là madame. Vous vous disputez avec un type qui vous demande à tout bout de champ pourquoi vous laissez Ian tout seul.

La bonne femme a paru encore plus triste.

— C'est son père, a-t-elle soufflé comme si elle se remettait d'un choc.

— Ah, eh bien… je vous vois, vous et votre mari, madame. Votre fils m'échappe.

Elle a baissé la tête et pleuré en silence. Ensuite elle a ouvert son sac et j'ai cru qu'elle y cherchait de quoi sécher ses larmes, mais elle en a tiré une liasse de billets et des photos qu'elle a posées sur les billets, un bon paquet de pognon. Elle a poussé le tout vers moi. C'était des images du garçon. J'ai regardé les premières, où il était plus grand, avec le même visage d'enfant perdu.

— Ça ne marche pas comme ça, madame.

— Très bien, a-t-elle dit en relevant la tête. Comment on fait alors pour que ça marche ?

5

Sur la moto Hernán rigolait.

— Ce n'est pas si loin. Comment ça se fait que tu n'y sois jamais allée ?

Je ne lui ai pas répondu. Je ne sortais plus, pas même pour aller à l'épicerie.

— On est tout près, on arrive à la nationale.

Ça, je le savais. Nationale 8. Je connaissais moi aussi l'existence de ces centres commerciaux qui avaient ouvert quelques années plus tôt, mais non, je n'y étais jamais allée.

— On va au Mega ou au Fericrazy ?

J'ai ri.

— Je n'en sais rien, moi ! À celui que tu préfères.

« Mega », disait une immense affiche qu'on voyait de la route, ainsi qu'un parking blindé de motos, de voitures et de gens. La route était pourrie. On passait notre temps à éviter des flaques d'eau, de la boue, des ordures.

— On n'a qu'à aller là, ai-je fait en désignant l'endroit où s'arrêtaient des bus d'où descendaient des familles souriantes.

Il a garé sa petite moto le plus près possible d'une entrée et on a mis pied à terre. Il voulait me dire quelque chose, mais il y avait tellement de bruit que je n'entendais rien.

— Attends qu'on soit à l'intérieur ! ai-je crié avant qu'on se mette à marcher.

C'était un entrepôt gigantesque au sol en ciment. Il y avait d'horribles plantes en plastique, pas des vraies. Je n'ai jamais eu l'impression d'être aussi éloignée de la terre. Ça ne me plaisait pas.

J'ai ouvert mon sac à dos et, comme pour jouer, l'ai montré à Hernán, juste une seconde. Il a écarquillé les yeux.

D'où tu sors tout ce fric ?

— Je l'ai, c'est tout. Qu'est-ce que ça peut te faire ? lui ai-je lancé en souriant.

— Tu n'aurais pas braqué une banque, par hasard ?

On était pétés de rire.

— On va tout claquer ! me suis-je exclamée en prenant des billets de 500 pesos que j'ai agités en l'air.

Hernán se marrait.

— Ça roule !

Il m'a fait un clin d'œil.

On a marché. Il y avait quatre rangées de stands, les uns à côté des autres. Les allées étaient bondées. Tout le monde avait l'air content. Dans un coin on vendait des sucreries, comme il y en avait sur les places publiques : pralines, pop-corn, cacahuètes enrobées de chocolat. J'ai pris une barbe à papa que j'ai voulu payer avec un billet de 500.

— Je n'ai pas de monnaie, a dit la vendeuse.

Hernán a sorti un billet de vingt et le lui a tendu. J'ai remballé le mien.

— Tu vas me coûter cher, meuf.

Il m'a pris la main. Ça m'a paru bizarre mais ça ne me déplaisait pas.

Il m'a emmenée à un stand où on servait de la bière. Le gars qui servait vidait les bouteilles dans des verres jetables. Chaque gobelet contenait un litre donné aux mains qui attendaient.

— Deux, ai-je commandé avant de payer.

J'ai gardé la monnaie et on a continué à avancer. J'avais une barbe à papa dans une main, un litre de binouze dans l'autre. On s'est arrêtés devant un stand immense avec des bandes de films suspendues sur les côtés et en devanture. Il y avait des caisses remplies de CD et de DVD, et beaucoup de monde y farfouillait. Les films étaient classés comme suit : « Cinéma argentin », « Dernières sorties », « Comédies », « XXX », « Horreur ».

— Les CD que je t'apporte, je les trouve ici, m'a expliqué Hernán en m'indiquant deux caisses.

Il a pris une interminable gorgée de bière. La première caisse était celle des « compilations », avec la photo d'une nana en string rouge coiffée d'un bonnet de père Noël. L'autre disait juste « Latinos ». J'ai commencé à chercher dans la deuxième, en tournant les pochettes pour voir le nom des chansons. J'en ai retenu trois qu'Hernán a demandé à voir pour consulter lui aussi les titres. On s'est regardés, on a pouffé de rire.

— Tu as du sucre rose tout autour de la bouche, a-t-il dit.

Je sentais la bière me monter à la tête. Je me suis léché les doigts pour qu'il ne se plaigne pas aussi de mes mains poisseuses.

— Voyons un peu ça…

Il s'est rapproché, m'a embrassée longuement. J'ai adoré ce mélange sucré de lèvres et de bière, et sa langue douce. J'avais envie de continuer mais il s'est écarté.

— On ferait mieux de regarder les CD, ton frère va me tuer.

On a rigolé. Qu'est-ce que ça pouvait bien lui foutre, à Walter ?

On a fini par choisir cinq CD et Hernán a ajouté un film d'horreur en me disant que plus tard, s'il n'y avait personne chez moi, on le visionnerait sur la Play. Je lui ai répondu qu'on ferait mieux d'aller manger un truc. On a payé, j'ai tout récupéré dans un sachet que j'ai mis dans le sac à dos, puis on est allés voir les stands du fond. Hernán a éclusé toute sa bière. Je lui ai passé mon gobelet encore à moitié plein.

On a commandé deux hamburgers au fromage avec des frites. On n'a pas attendu longtemps. On a mangé avec les doigts, assis à une table pour deux, sans rien boire parce qu'ils ne vendaient pas de bière, juste des sodas. On s'est débrouillés avec ce qui restait dans mon verre.

— Les frites sont super bonnes, a dit Hernán dès qu'il a eu la bouche vide. On va chez toi ?

J'ai hoché la tête. Où pouvait-on aller ailleurs que là ? Mais j'ai pensé à mon frère. Je ne l'avais même pas prévenu que je partais avec Hernán.

— Avant, on va acheter un cadeau pour Walter, ai-je proposé.

Il a été emballé.

J'ignore si l'odeur de hamburger venait des nôtres ou si l'endroit était plein de fumée. L'immense entrepôt du Mega ne comportait aucune fenêtre et on en sortait par la porte qu'on avait prise pour entrer. Le graillon venait mourir contre nos corps et les vêtements suspendus dans les stands. Si on apportait quelque chose à Walter, on lui ferait profiter de tout ça. L'idée me plaisait.

6

— Où tu as trouvé le fric ? a demandé mon frère sans pouvoir s'empêcher d'afficher un large sourire.

— Mais… ça te plaît ?

Il a soulevé la veste et l'a étudiée comme si c'était un fantôme, et moi je revoyais Hernán l'essayer pour qu'on prenne la bonne taille et ça m'a fait marrer. On ne pourrait pas regarder de film, ce serait pour une autre fois.

— Je bosse, Walter. J'ai un deal. J'aide la femme de l'autre jour, elle m'a déjà payée, ai-je expliqué.

Comme il gardait le silence, j'ai cru un instant qu'il ne m'avait pas entendue : il ne parlait pas, ne bougeait pas, ne me regardait pas, ne se fâchait pas. Rien. Après il a levé la tête pour m'observer.

— Tu es sûre, sœurette ? Si tu ne le fais que pour l'argent, ça ne marchera pas.

— Tout va bien se passer, ai-je répondu sans réfléchir. J'en suis sûre.

Il s'est approché de moi pour m'embrasser, m'a dit que la veste était top et a voulu savoir où je l'avais achetée. J'ai éclaté de rire.

— C'est une surprise, Walter !

Il l'a emportée dans sa chambre en disant que ce n'était pas une veste à porter tout de suite, qu'il allait la ranger parce qu'elle avait quelque chose de spécial.

7

La même boîte en fer-blanc sur la table et la nana, sérieuse, m'a annoncé que cette fois elle avait apporté la terre qu'il fallait.

— Comment je peux le savoir ?

Je n'avais pas envie de manger de la terre tous les jours.

J'ai tournicoté. Pris mon temps. Suis allée dans la cuisine pour faire chauffer la bouilloire alors que je savais que je ne boirais pas de maté avant d'avoir fini. J'aurais aimé pouvoir lui dire que non, pas ce jour-là.

— Vous voulez un maté ?

Elle a fait non de la tête et, agacée, je suis allée couper le feu.

Je suis retournée au salon sans la regarder.

— J'ai mal au ventre.

— Je ne suis pas venue hier, a dit la femme.

Elle m'a fait un peu de peine.

— Vous avez eu des nouvelles de Ian ?

— La police a arrêté les recherches.

Alors là je l'ai regardée. Elle avait d'horribles cernes, le cou et le menton flasques, qui commençaient à se rider. Mais ses bras étaient fermes. Elle s'était assise, bien droite, résolue, en attendant que je m'approche de sa boîte. Je savais que cette meuf ne me lâcherait pas tant que je n'aurais pas retrouvé son fils. Elle commençait à me plaire.

Walter est sorti de sa chambre, il l'a vue et a filé en silence. Il ne lui a même pas dit bonjour. J'étais vénère qu'il parte comme ça. Il m'arrivait de me dire que si mon frère disparaissait, j'aurais été capable d'avaler toute la terre de la maison, de la briser, la faire trembler.

— Donnez-la-moi.

Elle a poussé la boîte vers moi.

« J'espère que cette fois c'est la bonne », ai-je songé, mais je n'ai rien dit. Je n'étais pas conne.

En engloutissant une partie de la terre que la femme m'avait apportée, je pensais non pas au gamin, mais au baiser d'Hernán, à la barbe à papa, aux bières de la veille.

J'ai fermé les yeux et je l'ai vu.

C'était comme si je revenais dans une nuit ancienne. Une nuit qui s'était consumée et n'existait plus et qu'on voyait de là, à ce moment précis, dans ma tête.

Le garçon donnait lui aussi l'impression de s'être consumé. Il semblait drogué. L'homme l'a poussé. Ian ne pleurait pas, il avait toujours le même visage mais était effrayé. Vêtu d'une blouse verte, l'homme regardait Ian. Je connaissais cet homme. Je ne l'aimais pas. Il jaugeait le gamin comme pour l'évaluer. Ian ne tenait presque plus sur ses jambes. Ses yeux se fermaient et sa tête s'affaissait sur les côtés. Il s'est secoué, a essayé de soulever ses paupières et de se redresser. On aurait dit que l'air qu'il respirait était devenu une substance étrange.

Il est tombé. À présent son corps était par terre. L'homme s'est assis à proximité mais il lui tournait le dos et le garçon, qui s'était cogné, saignait.

Cet homme était son père. Avant il l'observait fixement, mais maintenant que son corps s'était effondré et gisait sur le sol, il faisait comme s'il n'était pas là. Il a tiré un briquet de sa poche et s'est mis à cloper, concentré sur sa cigarette, et son regard s'est ensuite porté devant lui, au-delà de la fumée, vers un lieu que je ne parvenais pas à distinguer. Il a fumé un moment. Tranquillement.

Puis il s'est levé.

Il a marché jusqu'à une voiture. J'ai essayé de voir la plaque, en vain. Il a ouvert le coffre et en a sorti des sacs noirs. Il a encore fouillé quelques minutes, en quête de quelque chose qu'il n'a visiblement pas trouvé, alors il a abandonné. Il est revenu à l'endroit où se trouvait

Ian, l'a soulevé. Ses sacs et le corps de son fils dans les bras, il s'est éloigné pour gagner des broussailles plus hautes. J'ai voulu les suivre mais je ne pouvais plus. Je ne les voyais pas et n'arrivais pas à bouger. J'avais beau essayer, j'étais incapable d'avancer. Peu à peu je me suis pétrifiée. J'avais l'impression d'être une statue. Plantée dans cette merde. J'ai regardé le sol en cherchant de la terre et n'ai découvert que des ordures qui rognaient mes baskets. J'ai scruté devant moi en espérant voir l'homme qui volait le corps de son fils. Mais les ordures devenaient des montagnes. Leur odeur s'insinuait dans mes narines comme une nuée de guêpes en fureur qui cherchaient la sortie dans ma tête et me meurtrissaient.

J'ai ouvert les yeux. L'odeur me piquait encore. Pareille à celle des chiens renversés au bord de la route.

J'ai regardé la femme, ses bras fermes serrés sur son sac.

Elle attendait que je parle, et moi que la douleur me fiche la paix.

Je n'étais pas sûre qu'elle apprécie ce que j'avais à lui dire.

8

Hernán a débarqué alors que je n'avais toujours pas fini de me laver la figure. Moi qui ne pleurais jamais avant ça, j'ai repassé les mains sous l'eau froide. Les yeux me piquaient, les mains me brûlaient, mais le pire, c'était la terre de Ian dans mon corps. Il voulait encore parler.

Hernán a mis de la musique, *Cri cri minal*, répétait-on tout le temps dans la chanson, et j'ignore pourquoi, mais ça aussi ça m'a donné envie de pleurer. Je me suis essuyée avec la serviette et regardée dans le miroir. Avant, je ne pleurais jamais comme ça. J'ai essayé de ne pas fermer les yeux pour ne pas voir ce que la terre voulait encore me montrer. Les larmes venaient toutes seules. J'ai songé à la nana en espérant qu'elle ne reviendrait pas. Elle m'avait demandé de voir, mais ensuite elle n'avait pas pu encaisser.

Tú me robaste el corazón como un criminal[1], disait la chanson, et je ne voulais pas l'écouter. La terre remuait dans mon ventre. Ce fils mal bâti s'était accroché en moi comme un bébé s'accroche au centre de sa mère.

Je devais m'en débarrasser. J'ai ouvert les robinets au maximum pour que le bruit de l'eau l'emporte petit à petit.

Je me suis approchée de la cuvette des toilettes, j'ai enfoncé deux doigts dans ma bouche jusqu'à ce que j'aie la nausée. J'ai poussé davantage. Ça faisait mal. J'ai vomi.

J'oubliais parce que j'en étais capable. Je ne serai jamais mère. Je ne voulais pas.

Je suis retournée au lavabo sans me regarder. Sous l'eau j'ai d'abord passé mes mains, puis mes bras que j'ai ensuite retirés pour laisser couler le jet sur mon visage, sur mes yeux enflammés que j'ai pu fermer grâce à l'eau froide. L'eau me guérissait. Plus calme, j'ai relevé la tête, tourné les robinets, pris une serviette et, doucement, comme si je caressais un corps brûlé, j'ai commencé à m'essuyer. Je suis sortie.

Hernán m'a accueillie comme s'il venait de voir un fantôme et il m'a demandé ce que j'avais.

— Rien. J'ai eu une nuit de merde.

Il s'est tu. Même si à coup sûr il ne m'avait pas crue, il n'a rien ajouté de plus.

---

1. « Tu as volé mon cœur comme un criminel ». *(N.d.T.)*

Cri cri minal était fini et je me suis dit que je n'avais pas envie d'écouter de musique de la journée. Dommage pour Hernán, mais je ne pouvais pas. Je suis allée éteindre la Play.

— Si tu veux, je m'en vais, a-t-il proposé en ouvrant grand les yeux.

J'ai fait celle qui n'avait pas entendu. Dans la pile de mon frère, à côté de la Play, j'ai choisi une pochette et la lui ai montrée.

— Aujourd'hui, apprends-moi plutôt à jouer.

*
* *

Quand *Round 1, Fight* est apparu sur l'écran, je me suis lancée.

Hernán n'arrêtait pas de dire que si je rigolais, je ne pouvais pas combattre, alors je m'efforçais de refouler mon rire parce que j'avais envie de l'exploser. Au début, j'essayais d'appuyer le plus vite possible sur tous les boutons. Mais au lieu de se protéger, mon personnage sautait en arrière et Hernán était plié en deux.

— Regarde la liste des mouvements, m'a-t-il conseillé.

Je ne savais pas du tout de quoi il parlait.

— Quelle liste de mouvements ?

— Je te montre à la fin de ce round.

Je luttais contre Sheeva. Son corps était sombre et elle avait quatre bras musclés avec lesquels elle pouvait me réduire en bouillie. Comme chez tous les personnages féminins de *Mortal Kombat*, son soutien-gorge cachait à peine ses seins. J'avais choisi d'être Sub-Zero, un homme. Même si ce n'était que dans un jeu vidéo, j'appréciais de ne pas devoir me soucier d'avoir une énorme paire de nibs. Je suis plutôt maigre.

— Passe-moi ça, a dit Hernán quand j'ai vaincu Sheeva. Regarde.

Il a appuyé sur un bouton et les mouvements spéciaux sont apparus sur l'écran : avant ; avant, poing ; avant, bas ; coup de pied. Ce genre de combinaisons. Et en dessous, les fatalités.

Je suis retournée au combat. Cette fois, je devais me mesurer à Raiden. J'ai réussi à lui balancer quelques coups de pied, mais aussitôt sa foudre s'est abattue sur moi. J'ai essayé les attaques spéciales. Les cinq secondes que mettait Sub-Zero à remplir ses mains de glace avant de la projeter contre son adversaire et de le geler me réjouissaient. J'en ai profité pour frapper Raiden de près, l'envoyer valser et s'écraser au sol.

Il s'est relevé pour riposter et j'ai appuyé sur *start*.

— Si tu l'arrêtes tout le temps, ça ne sert à rien de jouer, m'a dit Hernán.

Je lui ai rappelé que c'était lui qui avait voulu m'apprendre les différents mouvements.

— Et il y en a encore une bonne moitié que je n'ai pas pigés, ai-je ajouté en appuyant de nouveau sur *start* pour stopper le jeu.

— Tu es une grosse tricheuse !

On a rigolé.

— Bon, c'est la dernière fois que je le fais, je suis prête ! me suis-je écriée en sachant que ce n'était pas vrai.

— Je vois, a fait Hernán en riant. Tu as tellement envie de gagner que tu zappes le mode d'emploi.

J'ai fait la moue pour ne pas avoir à admettre qu'il disait vrai. Mais j'ai continué à étudier la liste des mouvements. Avec le joystick, j'en ai tenté un que j'ai visiblement réussi, alors j'ai appuyé sur *start*, me suis approchée de Raiden et j'ai retenté le combo qui, cette fois, a marché. Mon coup a vidé mon adversaire d'une bonne partie de son énergie, et sur l'écran j'ai lu *FINISH HIM* ! Raiden vacillait au milieu de l'image et j'ai pu l'achever.

Quand maman est morte, il y a eu toute une période où je pensais que la tante et Walter pouvaient y passer eux aussi. La tante, ce n'était pas très grave, mais imaginer mon frère mort me rendait malade. Je m'enfermais des heures pour pleurer. Après il m'est venu à l'esprit que moi aussi je pouvais mourir, alors j'essayais de voir comment je serais, mais je n'y arrivais pas. Comme il m'était impossible de me représenter mourante, je m'appliquais à visualiser une chienne traînant la patte. Elle était atteinte d'une tumeur à la colonne vertébrale et j'essayais de la voir marcher avec sa patte folle sur la route, dans le quartier, devant la porte de la maison. J'essayais de voir cette patte qui s'abîmait de plus en plus au contact du sol. La tumeur grossissait comme les seins des jeunes filles. De plus en plus maigre, la chienne n'avait même plus envie de manger ni de bouger. Je l'imaginais à l'agonie, appuyée contre la grille de notre jardin, et dans sa chair je me voyais mourir.

Raiden était mort et je bondissais comme une folle. Hernán aussi. On s'est enlacés. Il allait m'embrasser sur la bouche quand Walter est entré.

9

Cela faisait deux semaines que je jouais à la Play. Au début, j'hésitais vraiment entre la musique et les jeux. Après c'est devenu très clair : je jouais le matin et j'écoutais de la zique avant d'aller me coucher.

C'était dimanche, Walter ne travaillait pas. J'étais contente parce que pour la première fois j'allais jouer avec tous les gars. Je révisais mentalement les listes de mouvements. Je me rappelais bien ceux de Sub-Zero, de Sonya et de Raiden. Je connaissais à peine les coups spéciaux des autres.

Le premier pote qui entrait commençait par déposer deux bières dans le frigo. C'était la règle pour tous les visiteurs. Il allait ensuite dans la chambre de mon frère et cherchait un coin où se poser. À la fin il n'y avait plus de place. Tous étaient assis sur le lit, par terre, sur le tabouret, ou alors ils restaient debout en buvant une bière parce que la chambre était pleine de monde.

— Celui qui pose son cul sur mon oreiller, je le tue ! disait Walter.

Hernán n'était pas encore là. Au début j'ai essayé de ne rien laisser paraître, mais j'avais vraiment envie qu'il se pointe. Deux semaines à nous entraîner tous les deux et il fallait justement qu'il ne vienne pas pile à ce moment-là ?

Mais il est arrivé. Il a salué tous les potes et nous a montré ce qu'il avait dans les mains.

— C'était devant la grille. Ça pèse trois tonnes.

— C'est sûrement le journal de l'Église universelle, a répondu mon frère assis par terre, près de la porte.

Hernán s'est approché du lit. Pour me rejoindre, il a dû contourner plusieurs mecs.

— Regarde ce que c'est, a-t-il dit en me tendant le paquet.

Ils se sont tous tournés vers moi. Au milieu de tous ces gars, j'ai pris le paquet comme s'il n'avait aucune importance.

— C'est quoi ? a demandé Walter.

Sans lui répondre, je me suis levée du lit, et après être passée au-dessus des jambes étendues sur le sol, je suis sortie. Hernán s'est installé à ma place.

Comme il y avait des potes de mon frangin partout, je me suis enfermée dans la salle de bains. Walter est entré derrière moi et m'a regardée. J'ai soulevé le paquet afin qu'il constate qu'il était gros. Il m'a dit de l'ouvrir et s'est adossé de tout son poids contre la porte pour que personne ne vienne.

J'avais le paquet dans les mains. On remarquait tout de suite qu'on l'avait lesté et ficelé avec soin pour qu'il ne se défasse pas. J'ai coupé le fil avec les dents sans pouvoir éviter de me voir dans le miroir, montrant les crocs et mordant, un reflet qui me déplaisait. J'ai fermé la bouche, tâché d'arranger mes cheveux, de me ressembler un minimum. J'ai retiré le fil tout en me regardant.

Puis j'ai ouvert la grosse enveloppe, qui contenait un journal. Je l'ai parcouru jusqu'à ce que je tombe sur une page où on avait écrit « MERCI » au marqueur rouge et entouré le titre d'un article : « Le vétérinaire en fuite, seul inculpé du meurtre du garçon déficient ». C'était l'homme que j'avais vu. Sans sa blouse verte. Il était beaucoup plus jeune sur la photo du journal, qui avait sans doute été prise avant qu'il devienne le père de Ian.

À l'intérieur du quotidien, on avait glissé une grosse liasse de billets. Comme je ne voulais pas les compter, mon frère s'est approché et me les a pris des mains.

J'étais concentrée sur la photo de l'homme. Je savais que son nom était probablement mentionné dans l'article, mais je n'avais pas envie de le connaître. J'ai regardé l'image de plus près, cherchant quelque chose dans ses yeux, mais ce n'était que des yeux : deux yeux qui ne disaient rien. Quelqu'un se rappelait-il comment était cet homme avant d'être père ? Ce qu'il était devenu ensuite, je l'avais vu.

Walter a compté lentement les billets.

— Waouh, il y en a un max ! s'est-il exclamé quand il a eu fini. Assez pour acheter la Play 4.

Mais ni lui ni moi n'avons ri.

Dans le journal figurait aussi une photo noir et blanc de Ian. Il ne souriait pas, regardait en l'air. J'ai songé que si j'avais pu être à côté de lui et suivre ses yeux, j'aurais constaté qu'il ne regardait rien en particulier, ou en tout cas rien que je puisse voir. La légende de la photo disait : « Le corps a été découvert à… », mais je n'ai pas voulu en lire plus.

J'ai replié le journal que j'ai tendu à Walter.

10

Quelques jours plus tard, on s'est retrouvés sans téléphone.

Il ne nous a pas manqué. Parfois je me disais que tant qu'on était ensemble, mon frère et moi, on pouvait se passer de tout.

Il ne nous a pas manqué parce qu'on n'appelait presque personne et que personne ne nous appelait. Les amis venaient, les autres n'osaient pas nous approcher. Une semaine après qu'on avait reçu le paquet, le téléphone avait sonné à plusieurs reprises et quand Walter ou moi on décrochait, on entendait :

— Tu vas crever, petite conne.

Alors mon frère en a eu marre, il a coupé le fil avec un couteau et voilà, fin du téléphone.

Les premiers jours, pour rester avec moi, Walter n'est pas allé au garage.

C'était pire.

Mon frangin se méfiait des portables, de la porte qui donnait sur la rue, des voitures qui passaient et même des rares fantômes qui s'aventuraient dans le pâté de maisons. Il bouclait tout. La maison et nous. On passait nos journées dans le noir.

J'avais envie qu'Hernán vienne et quand il arrivait, Walter ne bougeait pas, on ne pouvait pas prononcer un mot sans qu'il entende tout. Hernán gardait donc pas mal de choses pour lui et finissait par trouver un prétexte pour partir.

Un après-midi de tension très palpable, j'ai ouvert la porte et me suis assise par terre, sans sortir. Walter ne m'a rien dit.

J'ai commencé à pleurer pendant que dehors éclatait un orage. Mon frère est venu s'asseoir à côté de moi. Je ne me rappelais plus la dernière fois qu'on avait vu de la pluie, si tant est qu'on ait déjà vu de la pluie ensemble. Je regardais le ciel, puis les gouttes marteler notre terre. Elles semblaient tout emporter.

Le lendemain, c'était vendredi et dans la soirée la maison s'est remplie de potes.

Hernán s'est pointé tôt, nerveux, je crois que lui non plus ne supportait plus mon frère et c'était douloureux de m'en rendre compte. Je voulais qu'ils restent amis.

À mesure que ses copains arrivaient, Walter est redevenu normal.

Pendant quelques heures, on a oublié le monde.

On a joué comme quand on était gamins, sans nous soucier de rien, juste pour gagner.

Jusqu'à ce que vers une heure un gars débarque en disant qu'il y avait une voiture garée devant la grille. Je croyais que Walter allait nous demander de ne pas sortir, de rester enfermés là, mais lui et Hernán ont aussitôt voulu aller voir ce qui se passait, à croire qu'ils s'étaient mis d'accord auparavant. Les autres et moi, on a laissé tomber la Play, on s'est levés et on les a suivis jusqu'à la porte. Au bout de deux minutes à peine, des cris se sont élevés. On ne distinguait rien, on a tous fini par sortir de la maison.

— Pas toi ! Rentre ! a crié mon frangin quand je me suis approchée pour qu'il me voie.

Et moi qui n'avais alors porté mon regard que sur lui et Hernán, j'ai tourné la tête du côté de la voiture. Je l'ai vu. Il faisait nuit et il ne portait plus sa blouse verte, mais c'était lui. Ses yeux. Si son fils n'arrivait pas à se concentrer sur quoi que ce soit ni à fixer quelque chose plus de trente secondes, ce type était capable de te transpercer le corps des yeux. La peur s'est emparée de moi et m'a laissée là, paralysée dans le jardin. J'ai voulu rentrer mais je ne pouvais pas.

Et moi, comment le regardais-je ? J'ai pensé à ma vision, me suis demandé si je l'avais vu avec les yeux qui se posaient à présent sur lui ou avec une autre partie de mon corps.

Il a fait tourner le moteur sans cesser de me fixer et a sorti une arme. Je n'ai eu le temps de rien. Juste de savoir que je ne voulais pas le voir me tuer. J'ai fait demi-tour et entendu d'abord les coups de feu, puis la voiture qui partait et ma respiration, mon cœur furieux, mon corps qui répondait de nouveau.

Une des balles a atteint le réservoir d'eau dont le contenu a commencé à couler du toit. Mon frère m'a touchée. On ne voyait pas grand-chose parce qu'il faisait toujours nuit et j'ai moi aussi éprouvé le besoin de l'étreindre. Lentement, comme si on décongelait, on s'est remis à bouger.

Je me suis tournée vers la rue. La voiture n'était plus là mais il fallait que je regarde.

J'ignore s'il avait mal visé ou s'il n'avait pas voulu nous tuer, en tout cas il ne nous avait pas touchés.

Walter disait que c'était fini, qu'il était parti et que comme il avait mémorisé la plaque, il irait à la police. Je ne devais pas sortir, je n'avais qu'à continuer à jouer ou écouter de la musique, il allait s'occuper de tout. Hernán a réagi différemment. Il se taisait et n'osait pas m'approcher.

Walter m'a prise par le bras et entraînée à l'intérieur, mais avant ça on a vu un énorme impact de balle au-dessus de la porte. Ni lui ni moi n'avons rien dit.

Je me suis endormie au lever du jour. Je n'ai pas entendu mon frère partir, mais on avait décidé que même si ça nous débectait, il irait porter plainte au commissariat.

J'ai dormi comme une masse et me suis levée tard, avec l'impression qu'un train m'était passé dessus. Nous n'avions plus d'eau et mon frère discutait avec ses potes pour qu'ils l'accompagnent au magasin de bricolage et qu'ils achètent une nouvelle citerne. Tous lui disaient que oui, ils iraient, l'aideraient à la rapporter à la maison, qu'il n'y avait pas de problème. Mais quand il a demandé si l'un d'eux pouvait rester avec moi parce qu'il ne voulait pas me laisser seule, personne n'a répondu. Alors il tiré une liasse de billets de sa poche qu'il leur a tendue, et ils ont répété qu'ils se chargeaient d'y aller, que les amis étaient là pour ça, qu'ils iraient et reviendraient vite, et l'aideraient ensuite à changer la citerne.

Après leur départ, Walter m'a regardée en me disant :

— On est de nouveau tous les deux, sœurette. Seuls. Je ne peux pas leur en vouloir.

Je n'ai rien dit. Je n'espérais rien non plus.

S'ils n'étaient pas responsables, à qui la faute ? À mon corps ? Je ne pouvais pas résoudre ce que voyait mon corps.

Je suis allée dans la salle de bains pour faire pipi et me laver le visage en essayant de ne pas me regarder dans la glace.

Quand je suis sortie, nous étions toujours tous les deux, Walter et moi. Mon frère a mis la bouilloire sur le feu. Il s'efforçait d'être cool. Même s'il ne parlait pas, il me semblait qu'il avait raison, que si on était seuls c'était à cause de mes visions.

Hernán était parti dans la matinée. Il n'avait même pas pris son joystick. Pas un baiser, pas un aurevoir, rien. Pendant que je fumais en regardant la rue, j'ai compris qu'il ne fallait pas m'attendre à ce que lui et sa musique franchissent de nouveau cette porte.

Deuxième partie

11

Le soleil séchait ce que la pluie de la veille avait transformé en flaques et en boue pour effacer davantage les pas de ceux qui n'étaient plus là : maman, le daron, la tante, Hernán, tous s'éloignaient en file indienne comme ces fourmis qu'on avait beau brûler et qui continuaient à creuser leur maison sous la terre, là où il n'y avait pas de verdure, où n'arrivait pas la lumière du soleil et où la chair de Florensia se réduisait à des ossements.

L'herbe était envahie de chiendent. Le laurier débordait, il poussait là où il voulait, avait mille enfants qui, frappés par les rayons du soleil, prenaient corps et tordaient le grillage de mon jardin comme du carton.

Une plante dont j'ignorais le nom s'était accrochée à la tôle, sur le côté, et l'avait rongée jusqu'à former une tache sur le mur de la maison. La passiflore grimpait, comme sur les terrains qui environnaient la voie ferrée morte.

Quand ses fleurs s'ouvraient, elles s'emplissaient d'abeilles hypnotisées qui gagnaient la croix du milieu, les poils collants, l'humidité.

« Si mes cheveux continuent à pousser, ai-je pensé, je serai moi aussi une plante sauvage à la tige robuste, fille du laurier. »

Personne ne m'avait arrachée à temps et j'étais à présent assise sur la marche de l'entrée, les bras autour des genoux.

De l'autre côté de la grille quelqu'un a lancé un papier que j'ai suivi des yeux. Il n'a pas osé frapper dans ses mains ou appeler, il avait même peur de dire mon nom. Le vent a poussé le papier dans l'herbe haute. « DIEU T'AIME », ai-je lu en souhaitant qu'il l'emporte loin, au-delà du grillage, le dernier endroit où j'allais pieds nus. Il n'y avait plus de voix pour me dire : « Eh, attention à tes pieds, tu vas salir. »

« Tu as de la boue sur les doigts et entre les dents », m'avait dit la mère de Florensia, ma camarade d'école, quand elle lui avait interdit de me fréquenter.

D'autres personnes n'osaient même pas franchir la grille. Elles laissaient la terre de leurs morts dans une bouteille avec une carte de visite et, attaché autour du goulot en verre, un nom. Je récupérais les bouteilles pour les disposer entre les plantes du jardin. Les jours de pluie battante, l'eau s'insinuait à l'intérieur, mélangeant leur terre à la mienne.

Chaque bouteille était un peu de terre en mesure de parler.

Mais Marta, la mère de Florensia, elle, elle est entrée. Cela faisait un bail que je ne l'avais pas vue. Elle est entrée sans hésiter, comme si ma baraque était la sienne. Elle a précisé qu'elle tenait à payer la « consultation ».

— Non, Marta, pas question que tu payes.

En l'invitant à me suivre, je me suis gardée de lui dire que sa fille m'avait manqué quand elle n'avait plus voulu qu'elle vienne, à l'époque où elle se donnait de grands airs car le dimanche, elle allait au temple avec Florensia, blonde et aussi prometteuse qu'une guêpe rouge.

Parce que j'avais vu ses yeux. Elle avait pleuré, les cernes lui mangeaient le visage.

On est donc entrées pour nous asseoir et qu'elle pose son gros cul dans le canapé de la petite pièce, que je goûte de ses mains la terre qu'elle avait apportée jusque-là et l'entende dire, toujours à s'interposer, toujours pressée :

— Qu'est-ce que tu vois ? Qu'est-ce que tu vois ?

Une voiture est passée et le vers d'une chanson s'est élevé, vite fait, « *Corazón de seda, que no lo tiene cualquiera*[1] », alors j'ai pensé aux vêtements de Florensia, moins déchirés que sa peau, à Florensia là-dessous, comme

1. « Tout le monde n'a pas un cœur de soie ». *(N.d.T.)*

les racines des plantes de mon jardin et les fourmis têtues parcourant leurs tunnels.

Ce jour-là je me suis énervée contre Marta. Cette femme ne la bouclait jamais. Elle se croyait supérieure aux autres parce que dans le quartier les seuls cheveux blonds étaient ceux de Florensia et, à l'église, les boucles en plâtre de l'enfant Jésus.

— Qu'est-ce que tu vois ? Qu'est-ce que tu vois ?

J'ai dû rassembler toutes mes forces pour ouvrir la bouche et lui dire :

— Reste tranquille, Marta. Je vois beaucoup de lumière.

Je n'avais jamais pleuré les yeux fermés. Je voyais Florensia, pleine d'asticots comme un cœur malade, ses cheveux, une vieille toile d'araignée se détacher de son crâne.

— Reste tranquille, Marta, voir me fait mal aux yeux. Elle va bien. De la racine aux pointes, les cheveux de Florensia donnent l'impression de capter le soleil.

Marta s'est remise à respirer si fort que sa poitrine avait l'air plus grosse que son cul.

— Mais ouvre les yeux, bon sang ! Pourquoi tu pleures ? m'a-t-elle demandé en serrant fort mes mains dans les siennes. Je les ai senties toutes chaudes, mais non, je n'ai pas ouvert les yeux. Je me disais : « Florensia a-t-elle froid sous cette terre, si différente du milieu où elle nageait, quand elle se développait des années plus tôt dans le ventre chaud de cette femme ? »

La mère de Florensia ne me lâchait pas. Cette fois la terre ne la dégoûtait pas. Elle n'a même pas vu la crasse sous mes ongles.

— Sûr que quand elle reviendra, elle passera te voir.

— Ne t'en fais pas, Marta. Tu n'as même plus besoin de t'occuper d'elle. Florensia a toujours été jolie. Dieu l'aime.

Pieds nus, je l'ai raccompagnée jusqu'à la grille pour lui dire aurevoir et, pieds nus, j'ai traîné et regardé les bouteilles cachées parmi les plantes. Certaines étaient là depuis longtemps et semblaient enterrées, plantées dans le sol. J'ai regardé les lettres, les noms, les numéros de téléphone délavés par l'eau et le temps, qui effaçaient tout excepté la douleur de ceux qui les avaient apportés là et leurs désirs – tous envolés sauf un – de savoir où étaient leurs proches.

Je ne sais pas pour la maison, mais la terre en dessous de tout ça m'appartenait.

12

Cette nuit-là j'ai rêvé d'Ana. J'ignore si c'était la première fois ou si j'avais oublié les autres rêves mais elle, jamais je ne l'oublierai.

Même si les années avaient passé et si j'avais beaucoup grandi, je l'ai vue cette nuit-là bien plus grande que moi, comme toujours. D'en haut elle me demandait des nouvelles des autres gamines de ma classe. Je lui répondais que j'avais croisé l'une ou l'autre à l'épicerie, ou lui racontais ce que Walter m'en avait dit, parce que je ne les fréquentais plus. On mangeait des graines de tournesol grillées et elle me posait des questions sur toutes, une par une, sauf sur Florensia. Elle savait. Je lui disais que j'avais vu Candela enceinte ou que Sofi avait emménagé tout près de la maison avec un mec qui travaillait à moto.

— D'après mon frère, ils vont avoir un bébé, ai-je fait, et Ana a observé un très long silence.

Elle m'a ensuite donné plus de graines de tournesol que j'ai fourrées dans ma bouche avant d'en recracher l'écorce. Elle n'a pas apprécié. Avant non plus elle n'aimait pas qu'on le fasse : elle disait que cracher l'écorce c'était dégoûtant.

— Moi je voulais, a-t-elle dit ensuite.

— Les voir ?

Elle regardait devant elle et a gonflé ses poumons avant d'expliquer :

— Moi aussi je voulais être enceinte. Avoir une fille. Une gamine comme vous.

Elle m'a observée. J'ai détourné les yeux.

— Moi pas question. Elles disparaissent, ai-je dit en me dépêchant de remplir ma bouche de graines.

Elle est restée à me fixer. J'avais l'impression qu'elle diminuait au même rythme que les graines dans le sachet.

Après on n'a plus parlé.

Je me suis réveillée en ayant envie d'une bière.

13

La blague était débile mais je n'arrivais pas à la comprendre.

— J'ai des poux. Cent vingt. Je vais me mettre du kérosène, disait Walter.

Et moi je me demandais comment mon frère pouvait savoir qu'il avait très exactement cent vingt poux sur la tête.

Après, en rigolant avec ses potes, ils adaptaient la blague en disant qu'ils avaient des binouzes. Cent vingt. Alors je comptais celles qu'ils apportaient. Il y en avait cinq, douze, parfois vingt, mais de là à arriver à cent vingt… À un moment donné ça a fait tilt : ce n'était pas « cent vingt », mais « sans fin ». J'avais beau avoir compris, ça ne me faisait pas rire.

Je me suis rappelé cette vanne de mon frère et ses potes quand, en ouvrant la grille, j'ai vu que quelqu'un était venu déposer une autre bouteille. J'avais suspendu à mon avant-bras un sac contenant du pain, deux cannettes de bière et les saucisses que Walter aimait bien. Je m'étais dépêchée de rentrer de l'épicerie parce que je voulais les faire cuire avant qu'il arrive.

En refermant le cadenas, je me suis dit que je n'avais pas du tout envie de découvrir une autre bouteille mais que je ne pouvais pas la laisser là, à la vue des rares voisins qui n'étaient pas encore au courant de ce que je faisais, qu'ils n'aillent pas imaginer, comme moi, la main se glissant entre les barreaux, le visage désespéré de celui qui me l'avait apportée. Quoi qu'il en soit, même si je prenais cette bouteille, je n'avais pas envie de manger de la terre ce jour-là, un point c'est tout. Depuis le temps, j'avais fini par avoir moi aussi « cent vingt » bouteilles, si nombreuses que je ne pouvais pas, ne voulais pas les compter, si nombreuses que j'en avais assez.

Quand on oublie les saucisses dans l'eau bouillante, elles crèvent, elles explosent en devenant énormes et sans saveur. Cela ne nous empêchait pas de les manger avec beaucoup de mayonnaise, dans du pain à hot-dogs, mais on n'aimait pas ça, ni Walter ni moi. Ce jour-là, j'avais l'impression d'avoir la tête comme une saucisse sur le point d'éclater.

Je me suis approchée de la bouteille en essayant de ne pas lire le message, de l'imaginer écrit en chinois tout en priant pour qu'il n'y ait pas de photo. Elle était bleue, large, remplie à moitié de terre. Je me suis penchée pour la toucher. Le contact du verre sur ma paume m'était douloureux. Je l'ai soulevée avec le bras sur lequel pendait le sac, au niveau du coude.

Je sentais parfois le poids de toutes les bouteilles qui faisaient peu à peu de ma maison ce que j'avais toujours détesté : un cimetière d'inconnus, un dépôt de terre qui parlait de corps que je n'avais jamais vus. Et pendant ce temps, maman était seule, là où reposent les morts, paraît-il. Je n'allais jamais la voir. Walter, je ne sais pas. Il m'arrivait d'en avoir envie, mais pour finir je n'y allais pas. Je n'y étais jamais retournée depuis le jour de mon enfance où on l'avait emmenée là-bas.

J'ai marché jusqu'à la maison, la bouteille à la main. Je la regardais sans trop savoir si elle me plaisait ou non, si j'allais demander de l'argent à celui qui l'avait déposée ou si je préférais tout simplement ne pas l'appeler. Je voulais juste qu'on reste seuls, mon frère et moi, à manger des saucisses dans le canapé de la petite pièce, et que mon unique préoccupation soit de ne pas les rater, ou que Walter n'y déverse pas une tonne de mayonnaise et de ketchup.

J'avais la clé de chez moi dans la poche de mon short. Ce jour-là, je n'allais pas ramener la bouteille à l'intérieur, n'allais appeler personne ni avaler de terre. Mais tout compte fait, personne ne me voyait. J'ai contourné la maison en me disant comme d'habitude que je devais tailler les plantes, mais que tout ce que je ferais c'était manger quelque chose de bon avec les doigts. Au moins je n'aurais pas d'assiettes à laver. Et ensuite je m'allongerais et on pleurnicherait sur notre sort, Walter et moi.

Je me suis accroupie au milieu des plantes, j'ai écarté les énormes feuilles avant de déposer la bouteille parmi les autres, qui lui tiendraient compagnie. Il y en avait beaucoup de bleues. Aucun bleu n'était pareil aux autres, aucune terre n'avait le même goût que celle de ses voisines. On ne regrette jamais de la même manière un fils, un frère, une mère ou un ami. On aurait dit des tombes brillantes les unes à côté des autres. Au début je les comptais, les disposais avec tendresse, et de temps en temps j'en caressais une avant de me décider à goûter la terre qu'elle contenait. C'est ce qui arrivait la plupart du temps, mais ce jour-là je les détestais. Elles me pesaient comme jamais. Toutes me soûlaient, je les sentais toutes s'empiler en moi. Le monde devait être bien plus grand que je ne le croyais pour qu'autant de gens puissent disparaître.

Je suis revenue sur mes pas et j'ai franchi la porte. J'ai mis de la musique, suis allée à la cuisine pour allumer la gazinière et remplir une casserole à lait en m'efforçant de ne pas penser que la personne à l'intérieur de la bouteille risquait de mourir à tout moment. Une par une, j'ai poussé rageusement les saucisses au fond pour qu'elles soient immergées. Puis je les ai laissées sur le feu.

Walter est arrivé quelques minutes plus tard.

On a mangé les hot-dogs dégoulinants de mayo, les doigts barbouillés, une cannette de bière bien froide dans l'autre main, comme il fallait. Mon frère était content, d'une bonne humeur communicative. Je ne lui ai pas demandé pourquoi. On a raconté des conneries et c'était presque tout le temps lui qui parlait, parfois la bouche pleine, comme un débile. Je l'écoutais et rigolais avec lui.

Plus tard, il m'a embrassée et a filé au garage. Il ne rentrerait pas avant la nuit.

Quand il a fermé la porte, je me suis affalée dans le canapé de notre petit salon où, le lendemain, le surlendemain et les cent vingt jours qui suivraient, j'allais à coup sûr recevoir des gens, leur demander le ventre plein de terre si la personne vivait ou non, si elle respirait, depuis quand ses poumons étaient à l'arrêt ou qui l'avait emmenée. Mais pour le moment je voulais juste dormir.

14

Il était debout, en appui contre la grille. Il avait l'air trop triste pour son jeune âge. Bien coiffé, bien habillé, comme dans les pubs pour les cigarettes.

J'avais entendu quelqu'un frapper, mais comme j'étais encore au lit, j'avais tardé à réagir.

Les coups avaient cessé, il s'était fatigué ou n'espérait plus qu'on viendrait lui ouvrir. Il attendait.

En me voyant il s'est écarté de la grille. Je le regardais en silence. Aucun mot, aucun son ne sortait de ma bouche. Il a dit qu'il s'était décidé à aller jusqu'à la grille, mais que cela faisait des jours qu'il venait sans oser descendre de sa voiture.

Puis il s'est tu et j'ai pris le temps de l'étudier de la tête aux pieds.

Il m'attendait parce qu'il cherchait quelqu'un, a-t-il expliqué.

Je n'ai pas su quoi lui répondre. Tout ce que je voulais, c'était retourner dormir. Je ne savais même pas si Walter était à la maison ou déjà parti au garage.

— J'ai besoin d'aide, a-t-il dit juste au moment où une vieille passait sur le trottoir. Elle a stoppé net son caddie et m'a regardée : c'était une femme du quartier.

J'ai ouvert la grille, pivoté, et le sentant derrière moi je lui ai dit :

— Ferme.

Je ne voulais pas qu'on nous voie, encore moins qu'on dise des trucs sur moi, qu'on aille raconter que j'avais les cheveux en pétard. Je devais ressembler à un fantôme.

Je n'avais pas peur de lui. Quand il s'est installé dans le canapé de la petite pièce, c'était plutôt lui qui ne semblait pas rassuré. Il donnait aussi l'impression d'avoir sommeil, comme moi.

— Je n'ai pas dormi de la nuit. Qu'est-ce que tu veux ?

— Je cherche quelqu'un, a-t-il répété, et cette fois il a baissé les yeux pour regarder ses mains.

Il avait environ dix ans de plus que Walter, mais il portait une chemise, de belles chaussures, des vêtements chers.

Je nous reconnaissais, mon frère et moi, dans la tristesse de son visage. Et aussi dans sa façon de parler doucement, comme si les mots avaient du mal à sortir.

— Tu cherches qui ? ai-je demandé en réprimant un bâillement.

J'étais tellement crevée que j'avais l'œil larmoyant.

Il s'est tu. Même à cette heure matinale, j'avais envie d'une bière et de retourner au lit.

— Si je te donne son nom, ça ne te dira rien, a-t-il soufflé en me regardant droit dans les yeux.

— Tu sais, je ne reçois personne le matin, mais si tu me laisses cinq minutes, je vais t'écouter.

J'ai ouvert le frigo. Il n'y avait presque rien à l'intérieur. Les restes froids d'un poulet que Walter avait apporté la veille. J'ai pris une longue inspiration. Il n'y avait pas moyen, je n'étais pas en condition d'avaler de la terre. J'ai fermé la porte, pris la bouilloire que j'ai remplie d'eau avant de la mettre sur le feu. J'ai préparé le maté en attendant que l'eau chauffe. Il buvait du maté, ce mec ? J'ignorais pourquoi, mais j'avais envie de le savoir. Le problème, c'est que s'il me révélait son histoire maintenant, je ne pourrais pas dormir de la journée. Comment faire pour l'en empêcher ?

L'eau était prête. J'ai éteint le brûleur et tout emporté, bouilloire et calebasse, dans la petite pièce, devant le canapé. Je lui trouvais toujours l'air fatigué, usé avant l'heure.

— Tu prends du maté ?

— Bien sûr.

J'ai à peine remué le maté avec la bombilla, puis versé l'eau dans le petit trou, au milieu. Je lui ai passé la calebasse et il a bu, après quoi il s'est mis à parler, le récipient vide dans la main. Il a dit que sa tante, la sœur de sa mère, était venue le trouver, qu'il ne l'avait pas vue depuis longtemps mais que c'était elle qui l'avait élevé.

— Ma vraie mère travaillait toute la journée et quand elle rentrait, elle allait directement se coucher. Donc ma tante a débarqué. J'ai eu du mal à la reconnaître.

Il m'a tendu la calebasse dans laquelle j'ai de nouveau versé de l'eau.

— J'ai dû bien l'observer pour me rendre compte que c'était elle. Ce n'était pas chez moi, mais au commissariat.

Quand il a prononcé ce mot, je me suis étranglée avec le maté. Dans quoi étais-je en train de me fourrer ? Quand il m'a demandé si ça allait, j'ai eu un mouvement de recul. Je ne sais pas s'il s'en est aperçu, mais il ne m'a rien dit. Il a attendu que je lui adresse un signe de la tête pour continuer.

— Ça a été difficile de la calmer pour qu'elle me dise ce qui s'était passé. Ma cousine María avait disparu depuis six jours. Elle était partie en cours mais n'était jamais arrivée à son école d'infirmières. J'étais sonné, je ne savais pas quoi faire ni quoi dire.

Il a gardé un instant le silence, me regardait comme s'il attendait une réponse, mais je n'ai rien dit.

Il a poursuivi : sa tante avait commencé par accuser ses collègues policiers. Elle disait que les inspecteurs et le commissaire ne bougeaient pas, qu'ils n'avaient pas enquêté. Mais c'est à peine s'il l'entendait. Il pensait à sa cousine, une fille qu'il ne connaissait pas, dont il ne gardait qu'une image d'enfant, une fillette menue, une cousine lointaine qu'il avait perdue de vue. Mais les suppliques de sa tante, décidée à obtenir de l'aide par tous les moyens, l'avaient rappelée à sa mémoire. À présent, María voulait être infirmière et il comptait la secourir.

Je l'écoutais parler sans rien pouvoir lui répondre. Ça m'énervait qu'il décide de lancer des recherches parce que son sang le lui dictait et non à cause de la disparition de la fille. De n'importe quelle fille. C'était un flic et c'était son boulot de le faire.

Il a ajouté que lorsque sa tante avait quitté le commissariat, il avait commencé à enquêter.

— Je croyais qu'en étant policier, ce serait facile, mais il s'est passé beaucoup de choses.

Je lui ai tendu la calebasse. Il en avait trop dit. Je ne voulais plus rien savoir, mais il a enchaîné :

— J'ai fini par me rendre compte que j'étais seul.

Il a sorti une photo de sa veste. Il voulait que je la prenne, mais je lui ai dit de la garder, de me la montrer de là où il était.

Il m'a fait de la peine, pourtant c'était comme ça. Tous ceux qui cherchaient étaient seuls.

J'ai regardé la photo entre ses mains, puis me suis concentrée sur lui. Le sourire de la fille et quelque chose dans le corps de ce mec m'incitaient à croire que cette fois ce serait peut-être différent, qu'avec un peu de chance j'interviendrais à temps. Je n'avais pas envie qu'elle subisse le même sort que Florensia. J'avais pris toute seule la décision de mentir à sa mère qui me fixait et, toute seule, je m'étais bouffé ma culpabilité. Mais peut-être qu'à présent, avec ce flic, on infléchirait le cours des choses.

J'imaginais ses collègues lui dire : « Elle va revenir, elle est sûrement partie avec son petit copain », et ça m'a foutue en rogne contre lui et les autres keufs.

En le voyant tripoter cette photo, je me suis dit que j'allais le faire banquer un max pour me débarrasser de lui, puis j'ai pensé à la fille.

— Ça va coûter cher, lui ai-je annoncé sans ciller.

Si on payait les policiers pour qu'ils cherchent et ne fassent rien, pourquoi on ne me payerait pas, moi aussi ?

Il s'est tu, il m'observait, et j'ai cru voir un air mauvais ternir son visage.

— Si tu es d'accord, je t'apporte l'argent demain et on ira chez ma tante.

— Pas question que je monte dans ta voiture de patrouille.

Il a éclaté de rire. Même si j'appréciais ses dents blanches, régulières, et son visage qui commençait à ressembler à celui de n'importe quel mec du quartier, je l'ai regardé, très sérieuse.

— J'irai à vélo.

Il a fait non de la tête.

— Très bien. Alors on se retrouve demain, mais tu ne me parles que d'elle. Je ne veux rien savoir du commissariat.

Il a souri en acquiesçant.

— Je passerai te prendre avec ma voiture. Au fait, je m'appelle Ezequiel.

Quand il est parti, je suis allée dans la salle de bains. Il n'y avait personne à la maison, mais j'ai quand même fermé la porte pour me regarder dans le miroir. Seule. Moi aussi j'étais en train de changer. Je savais que les jours qui suivraient seraient agités et voulais me rappeler mon visage tel qu'il était maintenant, au cas où je le perdrais, si jamais il changeait à cause du bordel qui s'annonçait. J'ai éteint la lumière et me suis allongée sur le lit pour me rendormir.

15

« Je passerai te prendre avec ma voiture. »

C'est la première chose qui m'est venue à l'esprit quand je me suis réveillée. Monter dans la bagnole d'un keuf, j'avais tout faux. Je me suis levée et, en chemin vers la salle de bains, j'ai découvert des rangers de fille. Walter avait ramené une nana. Sa porte était fermée et j'ignorais s'il était parti au garage ou encore au lit. Je préférais qu'il soit occupé, parce que je ne lui avais pas dit que je m'absenterais. J'ai redressé les rangers en posant un pied à côté. Elles m'allaient. Je n'avais jamais eu de pompes comme ça.

La fille ne serait pas sortie sans chaussures, alors elle était toujours dans la piaule de mon frangin.

Du même pied, j'ai poussé les rangers et gagné la salle de bains. En pissant, j'ai observé les lieux pour voir si Walter s'était douché, rasé, etc., mais non. Il ne manquait plus que ces deux-là apparaissent pile-poil au moment où le flic arriverait. Je me suis brossé les dents et débarbouillée. La serviette n'était pas là : ça, c'était signé mon frère.

J'ai secoué les mains et les ai passées dans mes cheveux, suis retournée dans ma chambre pour me changer sans faire de bruit. J'avais l'intention d'attendre le flic à l'extérieur, comme ça il n'aurait pas à entrer. Où étaient mes pantalons ? Je n'allais pas rester en short. J'ai fouillé dans le meuble où je rangeais mes fringues sans rien trouver, à part deux leggings et mes shorts. Un tas de linge sale traînait par terre. À un moment donné, j'allais devoir faire une lessive. J'avais peut-être laissé un froc dans le canapé. La plupart du temps, je finissais par m'y endormir en écoutant de la musique sur la Play. Je détestais que Walter l'éteigne, mais quand il rentrait il coupait tout ou baissait le volume. Je me réveillais à trois ou quatre heures du matin et ne pouvais plus me rendormir avant le lever du jour. C'était encore pire si des chats se bagarraient sur le toit, alors, le seul moyen d'avoir une nuit paisible était de laisser la musique.

J'ai découvert un jean relativement propre sous le canapé. Il y avait aussi une cannette de bière vide que j'ai laissée là. J'ai pris le pantalon que j'ai enfilé après l'avoir secoué.

J'ai ramassé mes baskets, mon phone et mon sac à dos. J'avais faim, mais plus le temps d'avaler quoi que ce soit.

Quand je suis sortie, le soleil s'en donnait à cœur joie et rendait tout plus vert. J'aimais ça. J'ai oublié ma faim un moment. La terre sentait bon, les plantes aussi. En marchant, je respirais pour que l'odeur pénètre mon corps. C'était tout ce qui me manquait pour finir de me réveiller. Je me suis approchée de la grille en me demandant pourquoi je regardais dehors alors que je ne connaissais pas la voiture de ce flic. Je me suis adossée à la grille. Le cadenas me dérangeait, il me rentrait dans le dos, si bien que je m'en suis écartée. À force de regarder la maison, je me suis aperçue que je n'avais pas envie de partir. J'ignorais pourquoi, je n'allais pourtant pas sur la Lune. Il s'agissait juste de me rendre chez la femme dont la fille avait disparu et de revenir.

— María n'est pas là, María a disparu, ai-je dit à voix haute, puis je me suis retournée.

Le soleil cognait aussi sur le trottoir. Un chat a traversé les barreaux en courant, poursuivi par deux chiens à la langue pendante.

— Dégagez, les clébards !

Ils ont filé et le chat, pour changer, a sauté sur mon toit. Les chiens sont allés fouiller dans une poubelle au coin de la rue.

Ça devait être l'heure. J'ai introduit la clé dans le cadenas, ouvert la grille pour sortir, puis j'ai refermé et rangé le trousseau dans mon sac à dos.

Il est arrivé au bout de quelques minutes.

Je suis montée dans sa voiture, qui était grise et sentait le neuf, et il a démarré. Il m'avait dit s'appeler Ezequiel, mais en le regardant conduire, il m'était difficile de penser à ce prénom. Pour moi, c'était « le flic ». De temps à autre, il se tournait vers moi, gêné, ne sachant visiblement pas trop quoi dire. Dehors, il y avait un soleil de plomb. À un coin de rue, un gamin a essayé de sauter par-dessus un fossé, mais il a raté son coup et atterri en plein dans une flaque d'eau croupie. Sa mère, qui marchait légèrement en arrière, lui a assené une tape sur la tête et l'a fait pleurer. En les voyant, j'ai songé à la tête du gosse endolorie par le coup, à ses pieds trempés d'eau sale, au seum qu'il devait avoir après ce saut foiré. Dans la voiture, j'avais la même sensation.

— Tu veux mettre de la musique ? a demandé le flic, comme s'il avait remarqué mon malaise.

Je me suis redressée pour allumer la radio. J'ai essayé plusieurs fréquences sans rien trouver de correct jusqu'à ce que j'entende une chanson de Gilda. Maman aimait Gilda. Elle me racontait toujours qu'elle avait été maîtresse d'école maternelle. J'ai fermé les yeux et vu ma mère fredonner dans la maison. Les seuls après-midis où elle était contente, il y avait de la musique et mon daron n'était pas là. Pendant ce trajet en voiture que je n'avais pas envie de faire, ma mère m'est apparue dans la voix d'une institutrice qui, chantant et souriant de ses lèvres rouges, m'a rendu la situation plus supportable.

À la fin de la chanson, le flic m'a dit « Merci » et j'ai dû rouvrir les yeux. J'ai éclaté de rire.

— Toi aussi tu aimes bien Gilda ?

— Merci d'avoir accepté de faire ça avec moi.

Du coup il m'a paru moins flic. J'ai fait un effort pour me le représenter comme étant Ezequiel. C'était son prénom.

— J'ai faim, mais de toute façon je ne vais rien pouvoir avaler maintenant.

Il n'a pas répondu et a continué de rouler. J'ai pensé qu'il était distrait, qu'il se fichait de ce que je venais de dire, mais tout à coup il s'est garé au bord du trottoir.

— Tu vois ?

Il m'a montré une enseigne dehors, de son côté. Je me suis penchée pour lire : GRILLADES PÂTES FRITES. En m'inclinant vers lui, son parfum m'est monté à la tête. J'ignore si c'était du déodorant ou du gel pour les cheveux, mais j'ai tellement aimé que j'ai souri. Puis je me suis rassise.

— Après ton travail on s'arrêtera là. Rien ne presse.

Ezequiel souriait lui aussi.

Il a redémarré et je n'ai plus senti les pieds trempés.

16

La maison de María était belle. En tout cas bien plus belle que la mienne. J'ignorais où nous étions et je n'ai pas voulu poser la question. Ezequiel et sa tante me regardaient comme s'ils attendaient que je leur parle, et comme je ne savais pas quoi dire, je me suis postée devant la fenêtre pour regarder la pelouse, la terre.

La femme n'a pas tardé à m'expliquer que sa fille aimait prendre le maté dehors, en lisant les cours photocopiés de son école d'infirmières. Elle avait les larmes aux yeux. J'ai demandé à Ezequiel de rester avec sa tante et je suis sortie. La porte étant ouverte, je n'ai eu qu'à pousser la moustiquaire qui m'a semblé très lourde.

Le jardin était plus petit que le mien, mais rien n'y poussait librement. Gazon tondu sans mauvaises herbes, petites plantes en massifs et en pots qui m'arrivaient tout juste jusqu'aux genoux. J'ai commencé à faire le tour du propriétaire en cherchant je ne sais trop quoi.

J'ai entendu la moustiquaire s'ouvrir et se fermer, et aussitôt après j'ai vu Ezequiel et sa tante s'approcher.

— Viens, je vais te montrer, m'a-t-elle dit. C'est là. C'est là que ma fille prenait son maté en révisant.

Elle a désigné un endroit semblable aux autres, sauf qu'il y avait un tronc d'arbre et qu'autour, l'herbe était un peu plus haute. J'ai poussé le tronc, faisant apparaître des cloportes et un mille-pattes qui se sont dispersés. La partie du bois en contact avec le sol est restée à l'air libre, parcourue d'insectes vivants étourdis par cette lumière inopinée.

Une portion de terre s'étendait en bas, dépourvue de vert.

Je leur ai demandé de partir et j'ai attendu. Je ne voulais plus jamais qu'on me voie manger. Je n'ai pas fait un geste jusqu'à ce que je les entende pousser la porte à moustiquaire. Une fois seule, j'ai pu retirer mes baskets, passer la main dans la terre, la sentir de nouveau sur mes jambes. Rendre un moment mon corps au sien. Je n'ai pas fermé les yeux, mais j'ai pensé à la photo de María qu'Ezequiel m'avait montrée. C'était une jolie fille aux cheveux noirs. Souriante, elle était belle. J'ai songé que les malades devaient se réjouir d'être soignés par cette nana.

Au début la terre est froide, ensuite elle se réchauffe dans la main puis dans la bouche. J'en ai pris un peu et l'ai soulevée. Je l'ai portée à ma bouche. L'ai avalée. Les yeux clos, je la sentais tiédir et ensuite me brûler à l'intérieur et j'en ai remangé un peu plus. La terre était le poison nécessaire pour voyager jusqu'au corps de María, et je devais y arriver.

Je me suis couchée sur la pelouse sans ouvrir les yeux. J'avais appris que des formes naissaient de cette obscurité. J'ai essayé de les voir sans penser à rien, pas même à la douleur qui irradiait de mon ventre. Rien, hormis une lueur que j'ai observée avec beaucoup d'attention et qui est devenue deux yeux noirs. Et peu à peu, comme si la nuit l'avait fabriqué, le visage de María est apparu. Sa chevelure naissait de l'ombre la plus intense que j'avais jamais vue.

La terre n'environnait pas son corps. Cela me plaisait. Sa robe claire sur sa peau la faisait paraître plus jeune. Elle était allongée quelque part. Vivante.

Mais il y avait un problème, un enfermement. La lumière ne pénétrait pas librement là où elle se trouvait. Elle respirait mais était effrayée. Rien en elle ne souriait. Le tissu de la robe que je voyais à hauteur de ses épaules se perdait ensuite sous des couvertures qui donnaient l'impression de la retenir prisonnière.

Elle me regardait. Tout dans son visage exprimait une supplique pleine de tristesse. Elle laissait la souffrance émaner de ses yeux noirs.

L'observer m'a rappelé que j'avais mal au ventre, mais je refusais de revenir à moi. Je me suis concentrée sur elle en tâchant de rester afin de savoir où elle était, mais tout ce qui l'entourait était plongé dans l'ombre. Sur le mur du fond contre lequel était posé le lit d'où elle me regardait, j'ai remarqué une inscription que je ne parvenais pas à lire. Pouvais-je lire ? Pas dans les rêves. Les lettres prenaient un aspect bizarre. Elles ne restaient pas immobiles. Quand je comprenais un mot, le suivant changeait. Dans les rêves, il était presque impossible de lire.

Le choc contre son corps, frontal, m'a mise de mauvaise humeur. Je ne pouvais pas bouger ni aller au-delà de cette pièce pour découvrir l'endroit où se trouvaient ses yeux ouverts, emplis d'une terreur qui me meurtrissait comme si on me piétinait. La douleur revenait, mon corps retournait là où il n'aurait pas dû être. Je ne pouvais pas rester là, c'était douloureux et je manquais d'air. J'étais si près d'elle que ça en devenait inutile.

Maintenant, oui, je voulais partir, mais je me cognais contre elle. Je voulais m'éloigner, l'étudier, et je la sentais. Mais je savais qu'elle était en vie, ce qui rendait ma douleur moins pénible. J'ai rassemblé mes forces pour m'écarter, cessé de la regarder dans les yeux pour reculer, aller plus loin, vers le mur, là où on avait écrit des mots que, cette fois, je n'ai pas cherché à déchiffrer. J'ai fait comme si je prenais une photo avec mon portable et c'est alors que j'ai lu : PORTE TA CROIX. Aussitôt après on a poussé une porte. J'étais terrifiée. C'est la dernière chose que j'ai vue.

J'ai ouvert les yeux.

Je suis sortie de la vision le souffle coupé, comme si j'avais été moi aussi enfermée pendant des jours.

Je me suis levée tant bien que mal. J'avais soif. La gorge sèche. La bouche sèche. Prise de vertiges. La soif me rendait stupide.

— De l'eau, ai-je demandé à Ezequiel quand je l'ai vu s'approcher.

La femme lui avait emboîté le pas.

— De l'eau, ai-je répété. María est vivante, a dit ma bouche morte de soif.

Ils m'ont conduite jusqu'à la salle de bains. Je leur ai fermé la porte au nez. J'ai bu avec la même avidité que pendant les récréations, quand Ana nous surveillait et qu'il n'y avait rien de meilleur au monde que de l'eau coulant d'un robinet.

Après je me suis cherchée dans le miroir. J'y ai trouvé ce que je savais : « Je suis comme elle, ai-je songé. Je connais son nom et sais qu'elle est vivante. Je veux la trouver. Je ressemble à María. Dans mes lèvres, dans mes cheveux, dans la couleur de ma peau il y a la terre et elle aussi : ses yeux s'étaient enfoncés comme une pique dans ma chair. Je ne la laisserai pas là-bas, vivante et abandonnée parmi les ombres. »

17

— Des frites, beaucoup de frites… Et une escalope milanaise. Il y en a ?

Le plat que je venais de commander était mon plat préféré, celui que je mangeais à tous mes anniversaires. Je sautais de mon lit, mettais des chaussons pour ne pas me faire engueuler comme du poisson pourri et sortais de ma chambre en cherchant ma mère.

Je découvrais le robinet grand ouvert, le jet tombant avec force sur une montagne sombre de patates. Au contact de l'eau, la terre se changeait en boue et commençait à se détacher, à l'image d'une rivière trouble s'écoulant dans le trou d'évacuation de l'évier. À l'époque, je savais très bien éplucher les pommes de terre avec un économe, mais le jour de mon anniv, je n'y touchais pas. « Je m'en occupe », disait ma mère en me poussant un peu du bras, mais je revenais aussi sec. J'aimais regarder les frites coupées, j'aimais les regarder en train de frire. J'aimais leur odeur.

Les milanaises, on en avait une chacun. Parfois le daron ne rentrait pas dîner et maman lui gardait son escalope sur une assiette, entre deux essuie-tout. Mais pas les frites. « Il peut toujours se brosser », disait-elle, et Walter et moi on était morts de rire. C'étaient les plus beaux anniversaires du monde.

Ezequiel a commandé je ne sais quelle viande et de la salade. De la salade ? Ça m'a fait marrer. Il y avait de tout dans cet endroit, et ce gars voulait bouffer de l'herbe.

— Et comme boisson ? nous a demandé la serveuse, une fille aux cheveux raides qui avait quelques années à peine de plus que moi et notait tout dans un carnet sans presque nous regarder.

Ezequiel a pris une bière que je n'avais jamais bue. Une bière brune au nom bizarre. On la lui a apportée aussitôt, bien glacée. Ça me plaisait drôlement d'être là, de chasser la tristesse de la terre avec des frites et des binouzes.

— Tu sais qu'on va devoir y retourner, hein ? a dit Ezequiel après avoir éclusé la moitié de son verre.

J'ai hoché la tête. Je ne le savais que trop. María était vivante et j'ignorais comment faire pour savoir où elle se trouvait. Je n'avais pas besoin de remanger de la terre pour qu'elle me communique la terreur contenue dans ses yeux ouverts. Sa terre était encore en moi.

— Là je suis très fatiguée, ai-je soupiré au moment où on nous apportait un plat argenté rempli de frites.

— Oui, je sais. On mange et je te ramène.

J'ai tendu la main pour prendre une frite. On avait disposé sur la table un couteau et une fourchette en inox enveloppés dans une serviette en papier. Moi j'avais envie de les toucher. De plonger les doigts dans le plat. Elles étaient chaudes, mais pas au point de me brûler la main. J'en ai repris une, j'ai mordu dedans en me rappelant la saveur des grosses frites de ma mère, au cœur si fondant qu'on aurait dit de la purée. De la vapeur s'élevait de la frite dans laquelle j'ai de nouveau croqué.

J'étais dans ce genre d'extase quand Ezequiel m'a dit :

— Je passerai te prendre demain. Avec ma voiture.

Je ne voulais pas le regarder. J'ai tendu la main et continué à manger mes frites.

18

Cette nuit-là j'ai encore rêvé d'Ana. Je la voyais comme si on avait éteint quelque chose en elle. Elle n'était même pas fâchée. Il n'y avait que sa tristesse d'allumée. Je marchais vers elle et quand elle me voyait, ce quelque chose se réactivait.

— Je suis seule ici, tu sais ? Je ne peux aller nulle part.

C'était tout le contraire de la vision de María. Elle se trouvait dans un endroit immense où il n'y avait rien. Juste elle, pour l'éternité.

J'ignore si c'était parce qu'elle ne portait plus sa blouse de maîtresse, mais elle avait l'air beaucoup plus maigre qu'avant.

L'odeur me donnait envie de vomir et Ana me regardait, désolée.

— Si tu as mal, ça ne vient pas d'ici. C'est la terre dans ton ventre, me disait-elle.

Je ne répondais pas mais je me demandais quelle quantité de terre je pourrais avaler sans abîmer ma gorge, mon estomac, mon corps.

Je pensais que je devais me réveiller, or je ne voulais pas laisser Ana seule.

— Je dois y aller. Excuse-moi.

Ça non plus ça ne l'énervait pas. Elle ouvrait les bras pour que je m'approche et, après m'avoir serrée dans les siens, elle me disait :

— Je sais, je sais. Dépêche-toi, Mangeterre. María est encore vivante.

19

Je l'attendais.

Le jour venait tout juste de se lever et je l'attendais déjà.

Walter s'était de nouveau enfermé dans sa chambre avec la fille aux rangers. Je les avais entendus arriver des heures plus tôt. Je ne m'étais pas montrée. Il devait être drôlement accro pour rentrer deux fois de suite avec la même nana.

À présent je distinguais à peine la lumière du dehors qui commençait à se glisser dans la pièce, et je l'attendais. Je savais qu'il n'allait pas arriver si tôt, mais je m'étais quand même réveillée en pensant à ce qu'on ferait. Je me demandais si, en plus d'aller chez María, en plus de consulter la terre et de retrouver cette fille, avec un peu de chance, on ferait autre chose lui et moi. Ça me semblait ridicule. Pourquoi cette préoccupation ?

Incapable de fermer l'œil, je me suis levée pour me doucher. Dans la salle de bains, j'ai constaté qu'il manquait de nouveau deux serviettes. Qu'est-ce qui leur prenait, à mon frère et à sa petite amie, de piquer toutes les serviettes de la maison ? L'idée d'aller les chercher pieds nus, de fouler un peu mon jardin avant de partir me séduisait. Quelque chose me disait qu'il était possible que je ne revienne pas.

Pour aller jusqu'au fil où Walter avait étendu le linge, je devais longer le pignon. J'ai fait quelques pas. Au contact de l'herbe du matin, j'ai songé que mes pieds ne me laisseraient jamais quitter entièrement cet endroit. Le sol était de plus en plus humide. Du bout des orteils, j'ai essayé d'écarter l'herbe pour regarder en dessous. La terre aussi était humide. Je l'ai touchée. Plus tard, j'allais devoir manger la terre d'une autre femme. J'ai songé que c'était pour ça que je m'attardais à observer la mienne. Quand j'ai levé les yeux, je l'ai vu.

Debout sur le trottoir alors qu'il n'était pas encore neuf heures, Ezequiel me regardait avec ce sourire qui m'enchantait. Et moi qui étais dans un état pitoyable : déchaussée, pas coiffée et n'ayant presque pas dormi de la nuit. Je suis rentrée vite fait pour prendre la clé et le cadenas. J'ai voulu mettre mes baskets, mais je m'étais sali les pieds... Je lui ai donc ouvert comme ça.

— Excuse-moi, ai-je dit en tirant la grille vers moi pour le laisser passer.

Il m'a suivie jusqu'à la maison. Avant d'entrer, je me suis éloignée et j'ai attrapé la première serviette qui pendait, puis je l'ai rejoint. Il a franchi le seuil et est resté immobile dans la petite pièce, comme s'il ne savait pas quoi faire. J'ai désigné le canapé et lui ai demandé s'il voulait du maté. Assis, il paraissait moins mal à l'aise tout en donnant l'impression de ne pas vouloir vider son sac. Quand il souffrait comme ça, il ne me faisait pas l'effet d'un flic. C'était juste un mec.

— J'allais me doucher, ai-je expliqué, et après avoir posé la bouilloire remplie d'eau chaude et la calebasse sur une chaise, j'ai filé dans la salle de bains.

Sachant qu'il m'attendait, je ne pouvais pas rester sous la douche jusqu'à ce que l'eau chaude soit épuisée. J'aimais bien faire ça. De l'eau brûlante pour mouiller mes cheveux et les enduire de shampoing. La laisser couler sur moi, le shampoing dégoulinant le long de mon corps, savourer son parfum avant de le rincer. J'ai rassemblé mes cheveux pour les porter à mes narines. Puis j'ai senti mon épaule, mon endroit préféré. Je me suis remise sous l'eau pendant deux minutes, mais en me baissant pour attraper le pot de démêlant, je me suis aperçue qu'il était presque vide. Sans ce produit, impossible de me peigner. J'ai pensé à la fille aux rangers et j'ai eu envie de tuer Walter : mon frangin n'avait jamais utilisé de démêlant. J'ai dévissé le couvercle, rempli le pot d'eau, me suis éloignée du jet et l'ai vidé sur ma tête en me débrouillant pour qu'il y en ait assez jusqu'aux pointes. Quand je me suis savonnée, l'eau n'était plus très chaude ni moi très contente de cette douche. Je n'avais pas encore fini que l'eau était franchement tiède, alors je me suis rincée et empressée de sortir. J'ai commencé à m'essuyer avec la serviette que j'avais récupérée dans le jardin, si petite qu'elle a tout juste suffi pour le corps. Mes cheveux étaient encore mouillés. Je l'ai passée sous l'eau et l'ai suspendue au crochet, à côté du miroir, trempée. J'ai laissé le couvercle du pot de crème dans le lavabo. Walter comprendrait. Après m'être habillée, j'ai quitté la salle de bains.

Ezequiel avait l'air d'une statue. Je pensais qu'il n'allait pas prendre de maté, pourtant il s'était envoyé la moitié de la bouilloire. Aucun signe de vie de mon frère et de sa copine. Je me suis assise pour siroter moi aussi un maté, mais comme je m'étais à peine essuyée, mes cheveux avaient mouillé mon T-shirt, ce qui me mettait mal à l'aise devant ce mec.

— Allons-y, ai-je proposé.

— Il est encore tôt, mais avant on peut faire un tour.

Il a regardé mon T-shirt et détourné aussitôt les yeux. Je me suis étirée vers l'arrière pour me faire un chignon bien haut. Délaissant le maté, je me suis dirigée vers ma chambre dans l'intention de trouver quelque chose à me mettre sur le dos, mais en chemin, j'ai découvert par terre un petit manteau noir avec des boutons et des rayures rouges sur lesquelles j'ai flashé. Je l'ai enfilé, boutonné.

— Je suis prête, ai-je fait en me retournant.

*

* *

Je ne voulais rien avaler avant la terre. On a tournicoté en voiture pour chercher de quoi satisfaire la fringale que j'aurais plus tard.

— Du sucré ? a demandé Ezequiel.

Je n'ai pas pu m'empêcher de lui adresser un énorme sourire.

Je pensais à du *dulce de leche* et je salivais. Ezequiel et son parfum me faisaient le même effet. Pendant qu'il conduisait, je respirais profondément. J'adorais. J'évitais de le regarder, m'obligeant à suivre la route des yeux, mais son parfum s'insinuait quand même dans mes narines.

— On arrive bientôt, a-t-il dit.

J'ai fermé les yeux, les ai rouverts quand il a coupé le moteur. Je pensais qu'on était chez la tante, mais il s'était arrêté à un coin de rue, devant un immense salon de thé à la façade peinte en jaune. Il est descendu en contournant la voiture et, voyant que je ne bougeais pas, il m'a fait signe de le suivre.

On est entrés. Je regardais toutes les bonnes choses qu'il y avait sans savoir ce qu'il allait choisir. Mais quand la vendeuse s'est occupée de nous, il m'a consultée du regard et demandé :

— Tu as envie de quoi ?

« De n'importe quel gâteau avec du chocolat et du *dulce de leche* », ai-je pensé en me retenant de rire.

J'en ai choisi tout un tas, la plupart avec du sucre glace qui te laisse une bouche de clown. J'étais persuadée que j'en avais pour au moins trois jours.

Il a payé à la caisse, tenue par un homme grand et sérieux qui lui a remis les gâteaux dans un sachet sur lequel étaient dessinés des pains.

Dehors il me l'a donné. J'avais très envie de l'ouvrir. Quand on est remontés en voiture, il m'a dit de le mettre sur la banquette arrière, qu'on mangerait les gâteaux au retour. J'ai posé le sachet. Je ne songeais plus à la terre, mais aux petits gâteaux, comme si j'envisageais de prendre une cuite. Un quart d'heure plus tard, on s'est garés devant la maison de María.

20

Je ne connaissais pas son prénom. Pour moi, elle était juste la mère de María et la tante d'Ezequiel. Elle m'a dit qu'elle n'avait pas fermé l'œil de la nuit et je la comprenais. Depuis que je mangeais de la terre pour d'autres personnes, je n'avais plus jamais dormi comme avant. La veille, j'avais sorti deux bières du frigo et j'en avais laissé une, à moitié vide, à côté du canapé. J'avais bu en essayant de ne penser qu'à la musique qui s'élevait de la Play. Je voulais que la bière me vide la tête. Ne plus penser à María ligotée, à María enfermée. Ni à sa mère. Et à un moment donné je m'étais endormie.

Maintenant elle était là, sa mère, à vouloir s'approcher de moi. Je savais qu'elle avait l'intention de me dire quelque chose mais je refusais de l'écouter. Je me réservais entièrement pour la terre. Elle s'est quand même assise devant moi, a cherché à prendre mes mains dans les siennes.

— Ma fille, disait-elle, prête à se confier, mais plus avec les yeux qu'avec des mots. Ma fille…

J'ai fait non de la tête. Elle s'est tue. Seuls ses yeux parlaient.

— Non, ça ne marche pas comme ça, ai-je lâché en tâchant de ne pas la regarder, de ne pas parcourir mentalement le temps sec, les années orphelines qui meurtrissaient mon corps comme du papier de verre frotté sur la peau, et qui avaient fait que jamais, plus jamais une femme ne prononcerait le mot « fille » en s'adressant à moi. Je suis venue manger la terre de votre fille, lui ai-je dit en me levant.

Et je suis sortie seule à l'air libre afin de récupérer une vie.

*

* *

J'ai caressé la terre qui me donnait des yeux neufs, me permettait d'avoir des visions auxquelles j'étais la seule à accéder. Je savais combien les messages des corps volés sont douloureux.

J'ai caressé la terre, serré le poing et soulevé dans ma main la clé qui ouvrait la porte par laquelle María et tant d'autres filles étaient parties, filles aimées, elles, de la chair d'autres femmes. J'ai soulevé la terre et avalé, toujours plus, beaucoup plus pour que naissent ces yeux neufs et que je voie.

C'était elle. Le cocard sur l'œil de María répandait du feu et de la fureur dans mon cœur. Un coup qui, la veille, ne marquait pas ce visage empreint de tristesse. J'ai encore mangé, ivre de terre. Je devais voir. María était là et, comme si elle avait senti ma présence, elle s'impatientait. J'ai essayé de la calmer. Elle tirait avec force sur ses bras, deux bras qui ne lui servaient à rien. On l'avait attachée à ce lit qui n'était que de la crasse pour un corps né quelques années plus tôt, il n'y avait pas si longtemps, peut-être dix-sept ans. Le lit frappait les murs et María tirait, tirait sur ses chaînes, de pauvres chiffons dont elle ne pouvait pas s'extraire.

De nouveau les lettres noires sur un mur de ce trou qui était une prison pour la jeune fille. Elles bougeaient, ne me laissaient pas les lire. Je me suis accroupie, mais il n'y avait plus de terre à laquelle me raccrocher. Je voulais me recroqueviller, mais ma tête toute droite regardait María et, derrière le mur, les mots noirs dans l'obscurité. Elle avait cessé de lutter contre ses liens. J'ai alors lu, comme sur une photo, PORTE TA CROIX.

La porte à côté du lit s'est ouverte dans un bruit qui nous a toutes les deux emplies de terreur. Seuls ses grands yeux n'étaient pas ligotés et racontaient aux miens la peur, les coups, le désir de fuir. Tant bien que mal, j'ai vu l'homme pénétrer dans la pièce. Pour les yeux de María et les miens, la lumière qui entrait par la porte ressemblait à des flammes. Mais je devais le voir. J'ai lutté contre cette clarté et, même si elle me faisait mal, je suis parvenue à le distinguer. C'était un vieil homme au front bien dessiné et aux cheveux clairsemés. Blancs. Bien que décharnés, ses bras étaient encore robustes. Un vieux monsieur comme on en voit dans les jardins publics, qui secouait María et lui disait : « Reste tranquille ».

Je ne pouvais pas la voir pleurer. J'avais envie de le mordre, mais là encore c'était impossible. J'ai entouré mes genoux de mes bras pendant que les lettres bougeaient au point de se détacher du mur, papillons noirs de la nuit qui me tombaient dessus. Le vieil homme se dirigeait lui aussi vers moi. M'avait-il vue ? Non. C'était le froid de la peur, puis de l'étourdissement et, dans le ventre, toujours la même douleur.

Je devais partir.

Je ne voulais pas, pourtant je suis sortie, aussi sombre que la nuit, avec dans la tête les battements d'ailes fragiles d'un papillon noir : PORTE TA CROIX.

21

L'argent que j'avais en poche ne pouvait pas me réjouir. J'avais essayé de toutes mes forces mais j'avais échoué. María risquait de mourir dans la soirée. « Reviens », avait juste soufflé sa mère et, m'attirant à elle, elle avait mis une liasse de billets dans mes mains salies par sa terre.

On roulait sans rien dire. Ezequiel aussi semblait triste. Ni l'un ni l'autre n'ouvrait la bouche. J'ai regardé mes mains. Dans ma hâte, je ne me les étais même pas lavées. Les gros efforts que j'avais faits pour refouler mes larmes m'avaient rapidement poussée hors de la maison. J'ai sorti la liasse de billets retenus par un élastique et j'ai pensé à ma mère en l'observant. Elle se mettait en boule quand on touchait de l'argent avant de passer à table : « Allez me laver cette crasse, c'est bourré de germes », nous disait-elle.

Mes mains étaient à présent plus sales que tous les billets du monde. J'ai tellement écarté mes doigts que la liasse a failli tomber entre mes jambes.

— Achète-toi quelque chose, a dit Ezequiel en me regardant.

Je l'ai ignoré.

— Cet argent, tu l'as gagné, a-t-il insisté. Achète-toi quelque chose que tu as toujours voulu. Quelque chose rien que pour toi.

Pour toute réponse, j'ai tourné la tête vers la fenêtre, comme si ce geste me permettait de m'évader de la voiture, de la journée, de mes mains dégoûtantes, de mon corps et du sortilège de la terre.

« Quelque chose rien que pour moi », ai-je pensé. J'ai regardé le manteau de la copine de Walter. À la maison, les choses étaient là, on s'en servait, voilà tout. Il n'y avait jamais eu quoi que ce soit rien que pour moi.

Un peu plus tard, on est passés devant un coin de rue où il y avait une boutique de serviettes et de draps.

— Arrête-toi là, ai-je murmuré en voyant le magasin.

Mais il a continué de rouler.

— Arrête-toi là ! ai-je répété plus fort.

Je suis descendue de voiture et j'ai marché jusqu'à la boutique. Il était presque midi. Le soleil se voilait, il commençait à faire frais. Très joli, le manteau était coupé dans un tissu fin qui ne protégeait pas du tout du froid. Cette fringue c'était de la frime. J'ai poussé la porte en verre et suis entrée.

La fille debout derrière le comptoir n'avait pas l'air d'avoir très envie de s'occuper de moi

— Vous avez vu quelque chose qui vous plaît dans la vitrine ?

Je n'avais pas regardé la vitrine.

— Je voudrais une grande serviette. C'est pour moi.

Elle m'a dévisagée comme si j'étais un Martien et a filé au fond du local pour revenir avec une pile de serviettes-éponges.

— Des draps de bain.

Elle en a posé un rose sur le comptoir, que je n'ai pas touché, puis un couleur terre qui m'a encore moins inspirée. Le dernier avait la teinte violet sombre d'une bouteille de vin rouge. J'ai passé une main dessus pour le caresser et constater que c'était de la bonne came. Je l'ai pris, il pesait lourd. Je l'ai essayé en l'enroulant autour de mon corps. J'ai adoré.

J'ignore ce qui l'écœurait le plus : mes mains couvertes de terre ou la liasse de billets retenus par un élastique que j'ai tirée de la poche de mon pantalon. En tout cas, elle m'a lancé d'un air dégoûté :

— Il est vendu avec cette serviette.

La serviette je m'en fichais, mais je lui ai dit : « Très bien », et elle m'a annoncé un prix que j'ai trouvé raisonnable. J'ai enlevé l'élastique et commencé à compter. Je regardais mes mains crasseuses sans en avoir honte. Je voulais juste payer et m'en aller. Quand j'ai eu fini, je lui ai tendu l'argent et elle a tout emporté dans l'arrière-boutique avant de réapparaître avec un grand sac orné d'un nœud rose que j'ai détesté dans un premier temps, puis j'ai pensé que c'était un cadeau, le premier que je me faisais avec mon argent, et il m'a plu. J'avais envie d'être chez moi au plus vite, de prendre une douche, laver avec de l'eau bien chaude la crasse et la tristesse de mon corps et l'envelopper de ce drap de bain qui allait être le mien.

Ezequiel m'attendait dehors. Il a regardé le sac en souriant, et heureusement il n'a rien dit. On a marché jusqu'à la voiture. J'avais les yeux baissés, mais quelque chose a attiré mon attention.

J'ai relevé la tête et distingué, à peine, le mot « forgeron », suivi d'un prénom, « Francisco », et d'un numéro de téléphone, le tout réalisé avec du fer forgé qui formait une grille posée contre un mur gris. C'était une petite maison grise, sans crépi, que le fer différenciait des autres. L'espace d'une seconde, j'ai imaginé un homme muni d'un chalumeau et coiffé d'un de ces casques qui cachent toute la tête et évitent au feu de pénétrer dans les yeux. Au-dessus de la grille, vissé au mur, s'affichait un autre message écrit avec la cruauté du fer : PORTE TA CROIX.

Mon cœur a bondi dans ma poitrine. Je sentais une main invisible, celle d'un homme robuste, serrer mon cou pour m'étrangler.

Je me suis postée sur le trottoir pour avoir une vue complète de la façade de la maison. J'ai lu :

PORTE TA CROIX
CAR JE PORTERAI LA MIENNE.

Les mots ne sortaient pas.

À l'endroit où la puissance du métal touchait le gris du mur, une porte s'est ouverte lentement. Le bois était si vieux qu'elle se bloquait. Une main l'a poussée pour l'entrebâiller juste assez afin de laisser passer quelqu'un. Un vieil homme est apparu en traînant une structure en métal qu'il a posée devant ce qui ressemblait à une porte de garage. C'était lui. Après avoir laissé la structure, il s'est immobilisé pour se reposer de cet effort et il nous a vus. Une grille en fer forgé nous séparait, mais il nous a quand même regardés. D'abord moi, puis Ezequiel. Il lui a à peine souri et a tourné les talons pour regagner la porte et s'enfermer. Sa main a poussé le battant en ébranlant le cadre. Quelque chose était accroché à la structure, peut-être un prix, mais je n'arrivais pas à lire. J'avais les yeux rivés sur la porte. Je pensais qu'il ressortirait, qu'il était peut-être allé chercher une autre pièce. Rien qu'à l'idée de le revoir, j'étais paniquée.

Tout était devenu impossible, comme dans un rêve. J'ai cessé de regarder la porte en bois à travers la grille pour me tourner vers Ezequiel. J'ai levé un bras, désigné la porte, et ce n'est qu'alors que j'ai pu parler :

— María est là, à l'intérieur.

22

Je ne m'imaginais pas qu'il puisse être armé, pourtant la dernière chose que j'ai vue, c'est Ezequiel parlant au téléphone, un pistolet à la main. Sans le savoir, j'avais passé des jours à circuler en voiture avec ce type et son gun. J'ai serré si fort le sac contenant les serviettes que le nœud est tombé. J'ai marché dessus, mes baskets crasseuses l'ont vite fait passer du rose à un brun terreux. J'ai reculé et observé Ezequiel qui ne me captait plus, à croire qu'après lui avoir donné ce qu'il cherchait, j'avais cessé d'exister à ses yeux. Et par-dessus le marché, tout ça arrivait devant la maison d'un vieux qui avait enlevé une jeune fille.

J'ai encore reculé, assez pour descendre du trottoir. Je voulais rentrer chez moi. Au téléphone Ezequiel a haussé le ton. Il agitait la main qui tenait le portable avec autant de naturel que pour manier son flingue.

Comme je ne sortais jamais de mon quartier, j'ignorais comment rentrer chez moi. Je m'étais laissée conduire pour aider une nana que je ne connaissais pas et un gars armé. J'ai fait demi-tour et pressé le pas. J'allais de plus en plus vite. En entendant Ezequiel m'appeler, je me suis mise à courir. J'ai parcouru comme une dératée le kilomètre qui séparait ce coin de rue de la maison de María. Sans me soucier d'Ezequiel, des autres flics ou de ce qui allait se passer, je ne pensais qu'à ma maison, je voulais rentrer.

La maman de María a ouvert la porte et, en me voyant comme ça, en sueur, le souffle court, elle s'est jetée sur moi. J'ai pris peur, ouvert la bouche, essayé de parler, de dire quelque chose, d'expliquer l'impossible, mais ça n'a pas été nécessaire. Les sirènes des nombreuses voitures de police qui passaient dans la rue à toute allure ont couvert ma voix, qui n'est jamais sortie. En quelques secondes, la mère de María n'était plus devant moi, à me secouer pour que je parle, mais courait sur le trottoir en suivant les voitures de patrouille.

Les portes des voisins ont commencé à s'ouvrir. Ils sortaient pour voir ce qui arrivait. La mère de María n'ayant pas refermé derrière elle, j'en ai profité pour entrer.

*

* *

Quand Ezequiel est revenu, il faisait nuit. Il avait pris un coup au visage et avait saigné, mais son sang était sec. Je l'ai vu entrer et n'ai rien dit. Il était seul, sans la mère de María. Je l'avais attendu des heures. Tellement à cran que je n'avais même pas pu m'asseoir. J'avais mal à la tête et l'estomac en feu. Il s'est approché de moi en silence, j'étais surprise qu'il vienne si près. Il m'a enlacée. J'ai accusé le choc contre son corps.

— Merci, a-t-il dit. María est vivante.

On est restés comme ça un bon moment. Je ne pouvais ni bouger ni parler, d'ailleurs je n'en avais pas envie. Tout était très bien comme ça. Son étreinte me guérissait. Je n'avais plus mal au ventre ni à la tête. Je n'avais plus peur. Je n'avais plus rien. J'ignore combien de temps on est restés ainsi. Il m'a de nouveau remerciée et, avant qu'il me libère, j'ai eu l'impression qu'il sentait mes cheveux. Je ne sais pas pourquoi, mais la seule idée qui m'est venue à l'esprit, c'est qu'il n'était pas beaucoup plus vieux que mon frère. Il devait avoir le même âge.

— On va chez toi. Je te reconduis, a-t-il dit.

Je suis allée à la cuisine récupérer le sac avec mes serviettes.

23

Les nuits où j'arrivais à dormir d'une traite, Ana revenait.

Sous le panneau où on l'avait découverte, sur la terre électrisée par la lumière rance que renvoient les corps qui tombent en poussière, Ana pourrissait dans mon rêve comme se décompose la chair d'un chien mort sur la route. Ses os n'étaient pas calmes comme de petits animaux domestiques, ils me cherchaient, reparaissaient, furieux, avec l'énergie dévastatrice de ceux qui veulent que justice soit faite.

J'ignore pourquoi je la voyais ainsi cette nuit-là, à l'image d'une morte aux restes brillants, alors que la police avait retrouvé son corps quand j'étais petite et l'avait emporté.

Je me suis frotté les yeux.

Elle était de nouveau là :

— Tu m'as déjà oubliée ? Quand reviendras-tu avaler de la terre pour moi, ma petite chérie ?

Je n'avais jamais osé manger la terre qui s'étendait sous la chair d'Ana, même si je savais exactement où on l'avait découverte. Je préférais l'évoquer parfaite, propre comme la blouse qui séchait sur le fil, chez moi, dans le soleil de ces matinées vers lesquelles je ne pouvais pas revenir.

Ana a ouvert la bouche. Tout le temps passé marquait son visage. Sa colère contre ceux qui l'avaient tuée me faisait mal, me tirait jusqu'au cœur de ma nuit, m'interdisait de me réveiller.

— Je suis là, Mangeterre, là en bas. Quand viendras-tu avaler de la terre pour moi ?

24

Une dizaine de jours ont passé et la mère de María est venue chez moi. Il n'y avait ni mon frère ni Ezequiel, qui parfois me rendait visite pour me donner des nouvelles de María : elle se remettait, n'était pas si triste que ça, disait qu'elle retournerait à son école d'infirmières. Il me parlait aussi du vieux, en prison, et des voisins qui avaient essayé de mettre le feu à sa maison. J'étais seule avec la copine de Walter qui, quand elle ne potassait pas ses cours, ne faisait rien, comme moi. De temps en temps j'avais envie de lui demander si elle voulait qu'on joue à la Play, mais j'avais honte. Alors je mettais de la zique et elle s'approchait pour écouter. Elle lisait et répétait à voix basse des textes contenus dans une pochette noire couverte d'inscriptions au Typex. *Allez les potes*, était-il écrit en grand sur la pochette, ce qui me faisait penser qu'elle, elle avait des amis.

Un jour, je lui ai demandé ce qu'elle étudiait et elle m'a répondu qu'elle révisait un peu d'histoire pour passer la prépa. Elle m'a lu ses cours un moment. Elle a lu un tas de trucs et je l'écoutais, parce que j'aimais bien l'entendre me parler. Elle avait à présent un manteau aussi fin que l'autre. Elle devait se geler, comme moi, mais il lui allait bien. Ses longs cheveux avec de grandes ondulations s'accordaient parfaitement avec le tissu sombre et sa bouche rouge, qui disait que certains peuples d'autrefois ne quittaient la terre où ils vivaient et travaillaient que pour aller tuer des gens ou mourir à la guerre.

Elle commençait à avoir des nœuds dans la partie arrière de ses cheveux. Je les avais remarqués la semaine précédente et à présent c'était presque un nid d'oiseau. Nous n'avions plus de shampoing ni quoi que ce soit d'autre, et ça faisait des jours qu'on se lavait la tête avec le savon blanc qui servait pour le linge.

J'ai pensé à Walter qui s'enfermait avec elle dans sa chambre, à leurs parties de baise qui devaient abîmer sa chevelure quand elle frottait contre le matelas. Moi je n'avais jamais eu des cheveux comme ça, aussi beaux. Je lui ai dit que j'allais chercher quelque chose à manger et je suis sortie. Elle est restée assise sur le canapé, sa pochette ouverte sur ses genoux croisés, la tête baissée, les yeux enfouis dans les textes qu'elle devait réviser.

Quand je suis revenue avec un paquet de steaks hachés, des petits pains et une crème démêlante à lui offrir, je suis tombée sur la mère de María, qui m'attendait devant la grille. Elle était seule, sans sa fille. Je me suis dit que c'était mieux comme ça. Je l'ai saluée de la tête, elle a répondu en clignant des yeux. J'ai ouvert le cadenas, poussé la grille et on est entrées. La copine de Walter s'était endormie, recroquevillée sur le canapé, sa pochette fermée à côté d'elle.

— Tiens ! ai-je crié.

Elle s'est réveillée et je lui ai donné la crème, un énorme pot qui m'avait coûté dans les deux cents pesos. J'ai posé le sac avec les steaks et les petits pains sur la table du salon. En prenant le pot, elle a souri sans rien dire. Elle a cherché un paquet de cigarettes dans son manteau et s'est mise à fumer dans le canap. J'étais super contente qu'elle reste avec moi. Si la mère de María lui avait dit que j'étais la cheffe de tous les narcos ou d'un réseau de traite des femmes, elle serait quand même restée là, à fumer près de moi en regardant les volutes s'élever, comme si elle n'en avait rien à faire.

Mais la mère de María, debout dans l'entrée, n'a pas bougé, elle a juste dit « merci ». Elle était si calme qu'on aurait dit une autre personne. Quelque chose dans ses yeux me disait qu'elle avait retrouvé le sommeil. Elle a tiré une liasse de billets de son sac, moins épaisse que la précédente, et me l'a tendue. Je me suis rappelé les heures passées à attendre chez elle pendant le sauvetage de María. Tout était propre et bien rangé, sauf la table de la salle à manger, couverte de centaines de photos de sa fille. Cette fois j'ai refusé. Elle a remis la liasse dans son sac sans insister, m'a encore remerciée, comme si elle ne savait pas quoi faire d'autre. J'ai avancé une main et quand elle l'a serrée, j'ai eu l'impression qu'elle allait pleurer. Elle m'a fait de la peine. Je ne sais pas trop si j'étais triste pour elle, pour ce qu'on avait fait à María, pour ma mère, pour Florensia, pour la petite amie de Walter ou pour moi. J'étais triste pour nous toutes. Immensément triste.

Je l'ai raccompagnée jusqu'à la grille, lui ai fait la bise comme j'ai pu et elle s'est éloignée, comme tant d'autres, pour ne jamais revenir.

25

Je trouvais Ana tellement belle. Je n'avais jamais vu un corps de femme nu. Morte, ça oui. Mais comme j'avais vieilli et elle non, je la rattrapais peu à peu en âge.

Parfois on s'asseyait et on parlait.

Jamais je ne lui ai demandé : « Qui t'a emmenée ici ? », parce que si dans mon rêve elle était vivante, j'avais peur qu'en lui parlant de ça, elle meure aussi dans mes visions.

Mais un jour, en discutant avec elle, assise à côté de moi, je me suis accroupie, j'ai ramassé de la terre en dessous d'elle et j'en ai goûté un peu. Elle m'a regardée, épouvantée, en me demandant de ne plus jamais faire ça parce que c'était interdit. Elle avait toujours agi ainsi avec nous. « Il est interdit de grimper dans l'arbre parce que tu peux tomber. » « Il est interdit de courir parce que tu peux te cogner. »

J'ai ri. Mais après avoir avalé la terre de certains rêves et vu les rares choses que j'avais vues, j'ai compris qu'Ana avait raison, qu'il valait mieux éviter, que ce n'était pas interdit pour rien.

26

Il y avait une bouteille bizarre avec une carte et un numéro de téléphone. Il faisait jour et le soleil cognait, mais quand je l'ai soulevée j'ai songé à une longue nuit. Apparue quelques jours auparavant à côté de la grille, elle avait la couleur de l'eau et de la terre qu'on avait mises à l'intérieur.

Je n'avais pas voulu la laisser dans le jardin, au milieu des plantes et des autres bouteilles. Je l'avais emportée dans ma chambre et posée près de mon lit. J'aimais la secouer, tout mélanger et regarder la terre redescendre et l'eau rester en haut. Comme dans un jeu où on bouge des choses pour qu'elles se remettent en place toutes seules. Un jeu facile, contrairement à ce qui m'arrivait en général.

Sur la carte figurait un prénom féminin, et je savais très bien qu'il avait une histoire et que cette histoire ne serait pas vraiment à mon goût. Si je ne laissais pas la bouteille dans le jardin, j'allais à un moment donné devoir m'en occuper : retirer le bouchon, avaler, appeler à ce numéro en me sentant contrainte, comme un clébard. Je pourrais ensuite balancer la bouteille ou la remettre dehors. Mais il y avait le prénom de la fille. Quelqu'un avait choisi ce prénom et je ne l'oubliais pas.

J'ai gardé une semaine la bouteille dans ma chambre, jusqu'à ce que je décide qu'il était préférable d'en finir une bonne fois pour toutes, de goûter et de voir ce qui se passait. Si ça se trouve, il ne se passerait rien. Parce qu'il y avait peu de terre et qu'elle était au fond, et que tout le reste c'était de l'eau. Qui leur avait dit que maintenant j'avalais aussi de l'eau pour voir ? Il ne manquait plus que ça.

J'ai légèrement agité la bouteille avant de la déboucher et de fermer les yeux, et dans un haut-le-cœur j'ai avalé, espérant aller d'un prénom à un visage brumeux.

J'ai vu une fille heureuse qui courait vers l'eau. Ce n'était pas la mer car il n'y avait pas de sable et pas davantage de maisons, de gourbis ni de bidonville, comme près du ruisseau. J'ai vu beaucoup de verdure et la nana pénétrer dans l'eau en souriant. Mais son sourire se troublait comme si elle était soûle, et son corps se débattait à mesure qu'elle s'enfonçait. Elle voulait sortir. Mains, bras, jambes luttaient pour s'échapper de l'eau. Quelque chose se perdait, de l'air, et il ne restait plus qu'elle, la fille, au fond de l'eau qu'à force de tripatouiller j'avais effacée de mes yeux. Avant de les rouvrir parce que j'avais mal, je me suis dit que la nuit et le fond de l'eau se ressemblaient beaucoup.

27

— Je ne pensais pas que vous alliez m'appeler, m'a dit le mec au bout du fil.

— C'est où ? lui ai-je demandé.

Il a gardé le silence, comme s'il ne s'attendait pas à cette question, puis a commencé à m'expliquer qu'il vivait dans le quartier de Congreso et que si je voulais, il pouvait venir me chercher pour m'éviter tout ce trajet.

— Non. Où est ta fiancée ? l'ai-je coupé. Et puis sache que je ne bouge pas de chez moi, ai-je ajouté en voyant qu'il ne répondait pas.

Rapide, le mec n'a même pas mis deux heures pour arriver. Assis dans le canapé du petit salon, il m'a tout raconté.

— Paraná de las Palmas et Paraná Miní, à Tigre.

Il a dit qu'ils connaissaient très bien cet endroit où ils passaient l'été depuis trois ans, qu'ils s'y sentaient comme chez eux, ce qui les avait perdus, car après avoir sauté dans le fleuve elle n'était jamais revenue. Il a dit qu'avec le temps, sa fiancée avait voulu rester vivre là. Il m'a raconté la beauté du fleuve, si large que les arbres poussaient dans l'eau. Il a dit que les quelques voisins qu'ils avaient dans l'île avaient commencé par chercher la fille, puis que la police et les plongeurs tactiques avaient pris la relève.

J'ai dû avoir l'air de ne rien comprendre, car à ce moment-là le mec m'a expliqué que les plongeurs tactiques étaient des types qui nageaient au fond du fleuve pour retrouver des corps en touchant plus qu'en regardant. Ça m'a fait de la peine d'imaginer les mains d'un corps vivant se tendre pour toucher une partie de la fille que j'avais vue sourire et sauter. J'allais sans doute devoir aller là-bas, parce que j'avais déjà avalé la terre et l'eau qu'il m'avait apportées. Qu'il me procure une autre bouteille ne servirait à rien.

— J'ai besoin de voir l'endroit d'où a sauté ta petite amie. Mon frère a une moto, il peut m'y emmener.

— On ne peut pas aller là-bas à moto. C'est une île. Il faut faire une grosse partie du trajet en bateau.

Je me suis calée sur la chaise, le corps en arrière, et l'ai regardé en silence. Je commençais à regretter de lui avoir dit oui. Comme s'il l'avait deviné, il m'a dit :

— Ce sont des *lanchas*, des bateaux collectifs qui transportent beaucoup de monde, tu ne seras pas seule.

Le mec a dû passer au moins une heure à me raconter des trucs et à essayer de me convaincre. Ensuite il est parti, un peu désolé, en ayant l'impression que sa visite n'avait guère été utile.

Mon frère s'est pointé pour récupérer des outils et il m'a vue seule, une jambe qui pendait de l'accoudoir du canapé, à fixer mon pied nu. Il a voulu savoir ce que je fabriquais affalée comme ça. Je lui ai répondu que je me demandais comment faire pour que le fleuve rende ce qu'il avait pris. Que d'après ce qu'on m'avait dit la terre ne suffirait pas. Il m'a regardée et m'a conseillé d'aller voir les *maes*. Puis il est reparti au garage.

J'ai pensé que c'était plutôt bien comme conseil. Il me serait utile de poser des questions, d'apprendre. J'ai regardé la bouteille au pied de la chaise, à côté de mon phone, et j'ai fermé les yeux pour revoir la fille souriante. Que faire pour qu'elle revienne ?

J'ai pris mon portable et appelé Ezequiel.

28

C'était une maison toute blanche.

— Ne fais pas cette tête, petite. Toi aussi tu es une sorcière, ont dit des lèvres fardées de rouge, et j'ai eu l'impression qu'une de ces effigies qu'on voit dans les magasins d'articles religieux marchait pieds nus jusqu'à moi.

Elle a ri. C'était une femme d'une cinquantaine d'années aux cheveux noirs et au corps énorme, comme si un pouvoir terrifiant avait besoin de ce corps imposant pour s'y loger commodément. Un collier de petites perles de toutes les couleurs tombait sur sa robe blanche, la divisant en deux. Ses cheveux presque aussi longs que les miens bougeaient en accompagnant la vigueur de ses hanches.

À l'intérieur régnait une chaleur suffocante due à la présence de bougies et d'une fumée épaisse, semblable à celle de l'encens. La porte s'est refermée derrière moi. Sur un des murs, des femmes peintes de dos marchaient vers l'eau en s'éloignant, laissant sur leur passage des traces dorées dans le sable. On aurait dit des déesses, ce qui n'était pas pour me déplaire. Je les ai regardées et, je ne sais pas pourquoi, j'ai pensé à mon corps et imaginé ces robes sur moi. Ça m'a amusée. J'étais trop maigre pour être une de ces déesses.

Même si je ne voyais et n'entendais personne d'autre, je savais que cette bonne femme n'était pas seule. J'ai tâché de ne pas paraître effrayée, me suis rappelé la voix du mec, qui m'avait dit :

— Au lieu de la chercher, elle, comme je le faisais tous les après-midis à la sortie de l'école, je me suis retrouvé à suivre le cours d'un fleuve.

M'armant de courage, j'ai regardé la nana bien en face. Elle a souri.

— Je suis la mae Sandra. Tu viens pour quoi ?

29

Le mec nous a indiqué le chemin. Je l'ai entendu parler, expliquer à Ezequiel comment nous y rendre et mentionner tout un tas de noms de lieux dont je ne savais rien. Quand il a eu fini, Ezequiel m'a fait signe de monter en voiture. Nous avons pris congé du mec et démarré.

« Tigre », nous allions à Tigre, j'aimais ce nom. En revanche, le mot « île » ne me disait rien de bon, non : on a besoin des autres pour pouvoir partir d'une île.

On a traversé la ville en silence avant de gagner la route. Ezequiel avait dû remarquer ma nervosité parce qu'il m'a proposé de mettre de la musique si j'en avais envie. Il était prêt à se fader tout ce que je voulais. Il m'a fait rire.

— Tout ce que je veux ?

J'ai mis une chaîne de cumbia et même s'il ne mouftait pas, je voyais que ça le mettait au supplice. J'ai regardé par la fenêtre. Je sentais le sommeil me gagner mais n'arrivais pas à détacher les yeux de la route.

— Tu dois y aller parce que le fleuve réclame un corps, m'avait dit la mae. Le voyage sera agréable, pas l'arrivée. Des forces contraires refusent de t'accueillir. Elles t'attendent, mais ne t'en fais pas, tu vas bien t'en sortir.

Elle m'avait observée et j'avais décelé quelque chose dans ses yeux. Elle ne riait plus. Quand elle avait gardé le silence, je n'avais pas aimé. Je sentais qu'elle cherchait quelque chose en moi. Elle avait ensuite posé une main sur ma tête que j'avais pourtant rejetée en arrière, m'avait emprisonnée sous sa paume comme un insecte, en m'empêchant de bouger. Ça avait duré je ne sais combien de temps, puis elle m'avait lâchée avec un petit sourire. J'étais épuisée, comme si cet instant sans mots s'était éternisé alors qu'en fait, ce n'était pas le cas. Je ne comprenais pas ce qui s'était passé, mais je savais qu'il s'était passé quelque chose.

Ezequiel ne parlait pas, concentré sur la route. Plus on roulait vite, plus j'avais sommeil. J'ai incliné le siège et me suis étendue. Je ne voyais plus que le toit de la voiture, la fenêtre, le ciel et quelques nuages qui se déplaçaient lentement au loin.

Je me suis demandé si là-haut quelqu'un nous observait, comme l'avait dit la mae.

À un moment donné, je me suis endormie.

Lorsque je me suis réveillée, Ezequiel fumait, sa vitre baissée. J'ai mis du temps à atterrir : la voiture était garée. J'ai baissé ma vitre et une odeur forte a pénétré dans l'habitacle, comme de terre mouillée ou, plutôt, une odeur d'eau. On devait poursuivre en lancha.

On est sortis. Ezequiel a verrouillé la voiture et j'ai regardé du côté du fleuve. Un vent froid montait de la berge comme s'il voulait nous chasser. Il faisait mal aux lèvres. Quoi qu'il en soit, il était impossible de se détourner de l'eau.

La lancha n'était pas ce que j'avais imaginé. Elle ressemblait à un de ces bus pourris qu'on prend pour aller au marché de La Salada, mais plongé dans la flotte. Ezequiel m'a appelée. On devait y aller, la lancha attendait. « Parfait, qu'elle attende, je m'en fous », ai-je pensé, mais on est quand même montés et on s'est assis près d'une fenêtre, l'un en face de l'autre. Le bateau était plein de monde. Peu après il a démarré.

J'aimais la verdure tout en trouvant lassant qu'il y en ait tant. J'essayais de regarder les îles où on s'arrêtait, mais mes yeux se tournaient vers Ezequiel. Il portait des lunettes noires. Il regardait le paysage et je le regardais lui. Ses cheveux, ses lunettes, son nez, sa bouche, son cou et même sa chemise. Je l'adorais. Quelle idiote, ai-je songé. J'aurais dû questionner la mae pour savoir si j'avais mes chances avec ce type. J'ai pouffé de rire toute seule.

Il m'a demandé ce que j'avais. J'ai haussé les épaules pour dire que je n'en savais rien et me suis légèrement rapprochée de lui. J'ai vu ses yeux à travers les verres fumés et ensuite, sur ses lèvres, un grand sourire. Nous avons passé le reste du trajet à nous regarder. Je sentais le parfum qu'il avait mis la première fois que j'étais montée dans sa voiture. Ma bouche s'est remplie de salive.

Une demi-heure plus tard, on a atteint l'île où on devait descendre.

— On est arrivés, a dit Ezequiel en se levant.

On a marché sur un ponton en bois avant de fouler de nouveau le sol. J'étais contente de sentir la terre ferme sous mes pieds. La lancha est repartie et on est restés seuls. Ezequiel s'est éloigné sans que je sache où il allait, plantée sur la berge, à observer le fleuve en pensant bêtement que j'allais apprendre quelque chose rien qu'en l'étudiant. Je le regardais sans parvenir à retenir quoi que ce soit. Le fleuve changeait tout le temps.

On m'appelait. C'était Ezequiel qui m'adressait des signes, mais je l'ai ignoré et me suis tournée vers l'eau avant de commencer à marcher le long de la rive. La terre très noire, cachée par l'herbe, n'était visible que sur les bords, mêlée à des racines qui ressemblaient à des vers. Bizarrement, j'étais triste à l'idée de ne pas pouvoir la goûter. Je n'étais pas venue pour ça. Je savais déjà ce qui s'était passé.

Je marchais en essayant de deviner l'endroit d'où la fille avait sauté, mais Ezequiel continuait de m'appeler et de me faire signe depuis un espace dégagé au milieu des arbres et de plantes aux feuilles gigantesques, alors je me suis dirigée vers lui. À mesure que j'avançais en esquivant les branches et les arbustes, les cabanes sont apparues. Elles s'élevaient dans l'air, soutenues par d'énormes piliers en bois, me rappelant celles qu'on voit du côté du ruisseau, en beaucoup plus classes.

Je l'ai rejoint et me suis postée devant lui. Sans lui laisser le temps d'ouvrir le bec, je lui ai demandé :

— Tu sais nager ?

Il a ri, m'a répondu que oui, car à l'école de keufs ils étaient obligés de suivre un cours de natation. J'ai apprécié qu'il dise « keufs » en s'adressant à moi. Et j'ai pensé que quand on était seuls, il n'avait rien d'un flic.

30

Cela faisait un moment qu'on attendait le fiancé de la fille, qui n'était toujours pas là. J'avais besoin qu'il me montre l'endroit exact où elle s'était noyée.

Ezequiel faisait comme si tout allait bien, mais il fumait clope sur clope. À mesure que le jour déclinait, on entendait les insectes se manifester et l'air commençait à fraîchir.

On s'est assis sur les lattes de bois qui entouraient la cabane. Ezequiel a répété que le copain de la fille n'allait pas tarder à se pointer. Je n'ai pas répondu, mais j'avais l'impression qu'on allait passer la nuit là. Il était trop tard pour qu'il apparaisse. J'avais envie d'une bière. J'ai demandé à Ezequiel s'il pouvait aller en chercher une, il m'a dit qu'il y pensait aussi, mais que ce n'était pas jouable.

— Comment ça, pas jouable ? Je veux une bière !

Il m'a regardée droit dans les yeux en affichant un nouveau sourire, plus effronté, et m'a dit qu'il y allait, qu'il revenait tout de suite.

Je suis restée un moment sans rien faire, couchée sur le bois, à regarder le ciel et les arbres en écoutant les insectes qui étaient partout. J'en ai suivi un des yeux. Il avait des antennes bizarres et marchait tranquillement sur les lattes, vers ma basket blanche. Je n'aime pas les insectes. J'ai soulevé le col de mon T-shirt pour me sentir. J'aimais bien. Je m'étais douchée le matin, j'avais vu venir le coup.

J'ai eu froid alors je suis rentrée. Au milieu de la chambre, le lit était fait. Un lit gigantesque, avec de jolis draps et une couverture couleur de brique crue. Je me suis assise au bord, les yeux tournés vers la porte où Ezequiel allait apparaître avec la bière. J'ai croisé les jambes et commencé à défaire les lacets d'une basket.

*
* *

En revenant, il m'a d'abord caressé la tête. J'ai repoussé sa main.

— Ne fais pas ton charmeur, lui ai-je dit, et on a tous les deux éclaté de rire.

Il a posé son manteau sur une chaise, à côté du lit, m'a passé la bouteille de bière. En m'asseyant pour boire, j'ai ramené la couverture sur moi et caché mon corps nu. On s'est regardés. Je n'avais pas envie de sourire. Je ne voulais pas lui rendre les choses aussi simples. Il a retiré le pull qu'il avait par-dessus sa chemise et s'est rapproché davantage. Je ne lui ai pas donné la binouze. Il l'a prise et a bu longuement avant de la poser sur la table de chevet. La bouteille a heurté la lampe et la seule source de lumière de la pièce a clignoté une seconde. À cet instant, j'ai senti la main d'Ezequiel me saisir l'arrière de la tête et il m'a embrassée, un goût de bière dans la bouche.

D'une main, il a pressé mes cheveux pour m'attirer vers lui, de l'autre il touchait ma taille nue. Sa main m'a semblé rêche, mais j'avais peut-être cette impression parce que j'étais étourdie par la douceur de ses lèvres dans son baiser alcoolisé. Rien dans son corps ne me lâchait. Je l'ai rejoint sans résister. Ses vêtements étaient froids. Moi qui n'avais même pas gardé mon string, j'ai essayé de lui enlever sa chemise, mais c'était impossible dans notre position.

Nos bouches se sont séparées. On s'est encore marrés.

Très vite, il a retiré sa chemise et sa main a de nouveau tiré sur l'arrière de mes cheveux. Je me suis penchée légèrement, en appui sur les coudes, il a rigolé. De sa main restée libre, il a dégrafé sa ceinture, descendu la fermeture éclair de son pantalon qu'il a enlevé. Son autre main s'est refermée sur ma nuque. Je ne pouvais plus bouger. Il m'a attirée à lui, a libéré sa queue par-dessus son boxer et l'a approchée de mes lèvres. Je me suis abandonnée à un baiser aussi doux que si j'embrassais une langue. J'ai baissé son boxer. J'aimais la peau que je touchais. Je pouvais presser mes lèvres dessus pendant que sa queue jouait, s'enfonçait dans ma bouche. Ezequiel me regardait le sucer et j'avais moi aussi les yeux rivés sur lui. Il m'a pris la tête à deux mains, maintenant un instant la pression, puis, d'un geste, il a sorti sa queue de ma bouche et ses mains ont cherché mes hanches. Il m'a ramenée vers lui.

Je me suis allongée, les cuisses écartées. Il embrassait mes seins qui ont la taille d'un poing puis, sa bouche toujours sur ma poitrine, une de ses mains est descendue sur ma chatte. Il m'a caressée. Je sentais ses doigts brûlants. Je devenais de plus en plus humide. Il a continué un moment et a posé cette main sous mes hanches.

Ses mains, l'une sèche, l'autre mouillée, me tenaient fermement. Je voulais le voir entrer. Je voulais caresser son dos au-dessus de mon corps. Il s'est donné le temps de me regarder droit dans les yeux, puis son regard est devenu vague et le mien aussi. Je ne l'ai pas vu pousser, s'enfoncer, exercer une pression, empoigner mon cul à deux mains, avec force, et pousser de nouveau.

Les yeux fermés, je nous entendais et j'ai senti Ezequiel retirer sa main humide de la naissance de mes fesses pour la glisser dans ma bouche pendant que son corps se propulsait et s'agitait violemment, comme s'il avait perdu le contrôle. J'ai senti mon cœur s'accélérer et moi aussi, je me suis serrée avidement contre lui. Quelque chose se déversait en moi et ses doigts sur ma langue avaient la saveur de mon corps.

31

Il était tôt, mais le jour s'était levé depuis un moment et le soleil se laissait voir entièrement.

Tout le monde m'avait parlé de la beauté de ces îles, de la végétation, de l'immensité du fleuve. Moi je trouvais que ce lieu sentait le renfermé. L'eau croupie.

Obstiné, le fleuve refusait de la rendre. Il la cachait comme la nuit cache les insectes.

On connaissait le point précis d'où avait sauté la fille. Son fiancé était apparu, tôt, dans la lancha. Il était arrivé, nous avait indiqué l'endroit et était reparti aussi vite que possible, à croire qu'il n'avait pas envie de s'attarder une minute de plus.

On se retrouvait de nouveau seuls, Ezequiel, le fleuve et moi. On se dirigeait à présent vers le même lieu en étudiant nos pas.

« Je t'aime », m'avait dit Ezequiel la nuit précédente. Mes cheveux dissimulaient mon visage, j'avais sa queue en moi et n'avais rien répondu.

Je marchais maintenant vers le bord de l'île en pensant à la fille. Ezequiel était resté en arrière, il me suivait des yeux en silence, comme pour me laisser faire.

J'ai accéléré. Je n'imaginais pas que les choses puissent mal tourner. Je ne pensais pas à ce qui se passerait.

« C'est juste une chose contre une autre », m'avait dit la mae Sandra.

J'ai pivoté, l'ai regardé et quelque chose en moi l'a fait réagir, l'incitant à venir me rejoindre.

C'était simplement une chose contre une autre, oui, mais ce fleuve de merde ne voulait pas de fleurs, de sang ou de bougies allumées. Il réclamait autre chose.

Quand j'y pensais ça me terrifiait, alors je n'y pensais pas. J'ai laissé mon corps me guider. J'espérais juste qu'Ezequiel savait vraiment nager.

Une chose contre une autre. Récupérer ce qui restait de la fille serait pour finir comme aller au kiosque, tendre des billets pour recevoir quelque chose en échange.

Ça m'a énervée.

Je me suis retournée une dernière fois pour m'assurer qu'Ezequiel me suivait et j'ai arrêté de penser. J'ai couru, sauté, me suis jetée à l'eau.

32

C'était comme une transe, quelque chose m'a emportée. J'ignore si ça a duré longtemps et si tout s'est bien déroulé, parce que c'était comme m'endormir au fond de l'eau. Dormir là, sentir l'eau douce pénétrer dans mon corps comme une drogue me plaisait, mais il m'avait sortie de là.

Je me suis réveillée dans un lit. Ce n'était pas le mien, ni celui de la cabane ou d'aucun lieu que je connaissais. Ezequiel était avec moi. Au début je ne lui ai pas parlé, je ne l'ai même pas regardé, mais je savais qu'il était là. Je le sentais, l'entendais bouger en essayant de ne pas faire de bruit. Ce n'était pas n'importe quel keuf, c'était le keuf qui veillait sur moi.

Immobile, j'avais les yeux fermés. Les draps étaient rêches, ils grattaient comme du carton mes jambes plus endormies que moi. Sous l'eau, elles ne m'avaient servi à rien. Je ne voulais pas qu'on me parle maintenant.

À travers mes paupières, je sentais la lumière. Une lumière pour malades.

Je voulais quitter cet endroit pourri.

Ezequiel m'avait sortie de là. Il m'avait sauvée. Et à présent j'avais envie de savoir ce qui s'était passé avec la fille de l'eau. Si on avait de ses nouvelles. Mais je ne voulais pas ouvrir les yeux, la bouche encore moins. J'avais encore dans la tête le bruit de l'eau et le froid si douloureux.

J'ai ouvert les yeux. De nouveau la lumière. Ezequiel m'a vue et s'est approché, il a posé une main sur mon bras. J'ai voulu lui dire que ça allait, qu'on ferait mieux de partir de ce coin horrible, que je voulais rentrer chez moi, mais surtout que je l'aimais, mais je n'ai pas prononcé un mot.

— C'est fini, m'a-t-il rassurée. La fille est apparue ce matin. Noyée.

« Noyée », a-t-il dit, et le froid est revenu.

Je n'ai plus essayé de parler. Je me suis détendue, j'ai laissé tomber ma tête sur l'oreiller en fermant les yeux. Noyée. Tout était vrai. Ça me semblait peu. Ça m'a énervée. Noyée.

33

Après que j'avais mangé la terre du rêve où elle m'était apparue, Ana est devenue bizarre. Elle se méfiait de moi. J'essayais de lui parler comme d'habitude, mais ce n'était plus pareil. Le silence planait. Elle observait tout ce que je faisais et j'avais l'impression qu'elle me surveillait parce qu'elle avait peur que je me remette à manger de la terre.

— Je sais que tu t'es jetée dans le fleuve, pourtant c'était interdit, m'a-t-elle dit une fois.

Elle avait l'air fâchée. Elle attendait que je dise quelque chose, et ne sachant pas quoi lui répondre je me suis tue, les yeux rivés au sol.

Elle s'est jetée sur moi, m'a prise par la main et entraînée dans un nouvel endroit. Je n'ai pas reconnu le chemin jusqu'à ce que je voie le panneau : ENTREPÔT PANDA.

Je pensais qu'on allait s'arrêter là, à l'endroit où on l'avait retrouvée, nue, son corps ouvert comme celui d'une petite grenouille échouée sur la terre, mais non. On a continué jusqu'au hangar, quelques mètres plus loin.

Il y avait une porte et, prise de frayeur, je me suis mise à prier pour qu'elle soit fermée. Ana l'a poussée et elle s'est ouverte.

Je ne voulais pas entrer. Je n'avais jamais eu aussi peur dans un rêve. Je voulais me réveiller mais je ne pouvais pas.

Ana semblait possédée. Je l'ai suppliée de me lâcher, mais elle m'a tirée pour me placer devant la porte en me demandant de regarder à l'intérieur, ce que j'ai fait. J'ai vu une main avec un couteau. Mon cœur a bondi dans ma poitrine. Je tremblais tellement que j'ai dû m'appuyer au chambranle. J'ai eu beau fermer les yeux, j'ai quand même vu la main aux veines saillantes d'un homme qui tenait un couteau pointé sur mon frère.

Je me suis mise à pleurer. Je voulais implorer Ana d'arrêter mais j'étais incapable de parler. J'avais l'impression que si on s'attardait Walter serait poignardé.

— Il est interdit d'aller à l'entrepôt de Tito le Panda, tu as compris ?

Quand je me suis réveillée, j'avais mal aux poignets comme si on m'avait menottée.

34

J'entamais les premiers cent mètres des sept cents que j'avais à parcourir jusqu'à la gare. Il était encore tôt. Devant les petites maisons, on voyait du linge étendu, oublié la veille et mouillé par la rosée du matin. Ma mère n'aimait pas qu'on sorte de si bonne heure. Elle disait qu'il y avait des types qui n'avaient pas encore terminé leur virée et que c'était les pires.

La veille, on m'avait laissé une bouteille avec la photocopie d'un gamin souriant. Sur la carte, on avait écrit « Dypi », une adresse et un numéro de téléphone, et on demandait si quelqu'un l'avait vu. Quelque chose dans son sourire me disait qu'il était en vie, alors, au lieu d'avaler la terre, je suis allée les voir.

Quand j'avais quitté la maison, rien n'indiquait qu'il allait pleuvoir. Aucune goutte n'était encore tombée, mais le ciel s'assombrissait. J'ai pressé le pas et atteint le carrefour suivant.

Une centaine de mètres plus loin, je devais prendre la transversale, qui était un raccourci. J'aurais pu m'engager dans la parallèle et arriver encore plus vite, mais je n'aimais pas cette rue : on y jetait des coqs morts.

Ils s'étaient gravés dans ma mémoire. Au début, les gens les posaient là avec des bougies rouges, du maïs et tout un tralala, mais par la suite ils ont commencé à les balancer dans des sacs en plastique noirs qui ne les cachaient pas entièrement et laissaient voir leurs pattes sèches ou une crête qui affleurait, et tout ça me faisait penser aux feuilles arrachées d'un géranium.

Dans la rue transversale, tout s'animait et au bout s'élevaient des ceibas, sur lesquels je flashais depuis que j'étais gosse, quand mon frère et moi on barbotait dans la boue après un orage et que le sol se couvrait d'un tapis de fleurs roses qui illuminaient la gadoue et la rendaient belle à nos yeux.

J'étais près de la barrière quand le ciel s'est déchaîné. J'ai accéléré en sentant déjà la terre mouillée, dépassé le stand de tortillas, le plateau, les tréteaux et un banc enchaînés au poteau électrique, car ils n'ouvraient pas les jours de pluie. J'ai marché aussi vite que j'ai pu, sans succès. J'ai vite pigé que même si je courais, je n'aurais pas mon train.

Je me suis arrêtée au carrefour. La pluie formait un joli rideau. À travers, de l'autre côté des voies, j'ai vu un jeune s'approcher avec un énorme chien. On était seuls : lui et son chien d'un côté, moi de l'autre. Le train est passé à ce moment-là. Je les voyais une seconde à peine, dans l'espace vide entre chaque wagon, un clignement de paupières. J'entendais le jeune, désespéré, appeler son chien. L'animal s'était avancé et donnait l'impression de vouloir s'élancer sous le train, le garçon criait pour le faire revenir, mais le clébard s'en foutait.

« Il ne va pas traverser, ai-je pensé. Il va se rendre compte qu'il n'a pas le temps. »

Un autre wagon est passé, le chien essayait toujours. Le jeune s'était avancé autant que possible sans risquer de se faire happer par le train. Le chien s'obstinait encore. Il attendait le bon moment.

« Il ne va pas traverser », me suis-je répété.

Mais au wagon suivant, il a vu un espace plus grand et s'est précipité.

Je crois qu'il a été heurté avant même d'avoir pu introduire la moitié de son corps entre les voitures. Le temps de pousser un cri, il était mort. Le train l'a propulsé quelques mètres plus loin, à droite des voies.

J'ai attendu que le train soit passé pour traverser. Le garçon s'est agenouillé près de l'animal, qui avait la tête dévissée, comme une laitue, au milieu des graviers. On ne voyait pas de sang, mais son pelage ressemblait à du coton effiloché. Ç'avait dû être un beau chien.

— Pourquoi tu as voulu mourir ? disait l'ado.

Il pleuvait tellement que j'ai eu peur que dans l'état où il était, il ne voie pas venir un autre train. Je devais partir, j'étais pressée.

— Écoute, c'est fini, le train l'a emporté, ai-je dit en faisant une dernière tentative pour qu'il se lève.

Mais il a continué comme s'il ne m'avait pas entendue.

— Pourquoi tu as voulu mourir ?

Je suis repartie sous la pluie, trempée comme une soupe, et suis arrivée devant le guichet. La photocopie du visage de Dypi était scotchée au mur, près de la fenêtre. Il affichait un si grand sourire que des fossettes se creusaient de chaque côté de sa bouche. J'ai de nouveau eu l'impression qu'il était vivant. Derrière la vitre, l'homme avait l'air de dormir, je n'ai pas voulu le réveiller. « Je ne prends pas de billet », ai-je songé en marchant jusqu'au quai.

Le seul point positif de ce voyage, c'est que le train était à moitié vide et que j'ai pu m'asseoir. J'ai collé ma tête contre la vitre en récapitulant les gares, puis j'ai réfléchi au temps qu'il y avait entre chacune pour calculer la durée du trajet. J'ai mis l'alarme de mon phone avant de piquer du nez.

Mais même le sommeil n'a pas été réparateur. J'ai rêvé que j'ouvrais la porte de chez moi et que j'avançais de quelques pas avant de sentir sous mes pieds quelque chose qui s'était perdu sur le trottoir crasseux. C'était petit, je devais me baisser pour voir de quoi il s'agissait. Un oisillon tombé du nid. Il ouvrait le bec sans que sorte aucun son. Je voulais l'aider, mais j'ignorais comment. Je restais là, à le regarder. L'alarme a sonné quelques minutes avant que le train s'arrête dans la gare où je devais descendre.

35

La pluie avait cessé mais le ciel était encore couvert. Les gamins jouaient au milieu des flaques, sur le chemin en terre battue. Je n'ai pas vu de voitures. J'ai parcouru quelques centaines de mètres avant d'arriver à l'adresse que je cherchais. Comme il n'y avait pas de sonnette, j'ai frappé dans mes mains. Une fille m'a ouvert, j'ai demandé à voir Eloísa. Un homme est apparu, il m'a proposé de m'asseoir.

— Eloísa n'est pas là, elle devrait bientôt revenir.

Ses yeux se fermaient.

Le terrain était clôturé comme un terrain de foot, mais devant, en guise de portail, ils n'avaient tendu que trois fils entre deux poteaux. La petite maison trônait en plein milieu et on y voyait tout depuis le chemin. De temps en temps, je regardais de ce côté-là pour voir si Eloísa arrivait. Une cage avec un perroquet était posée à côté d'un poteau.

Un perroquet enfermé est presque un perroquet mort. « Mauvais signe », ai-je pensé. Comme s'il m'avait entendue, l'oiseau a commencé à dire : « Ivrogne, ivrogne, va te coucher. »

Le vieux ne savait plus où se mettre.

Moi j'ai fait comme si je n'avais rien entendu. Par instants, je tournais la tête pour regarder un cheval jaune qui broutait. On m'a dit un jour que les chevaux de cette couleur ont un nom particulier, mais je ne m'en souviens jamais.

Un moment plus tard deux femmes se sont pointées.

— Eloísa est dans un sale état. Elle passe son temps dans la rue, à chercher son gosse. L'autre jour, elle s'est enveloppée de sacs plastique pour se protéger de la pluie. Elle est en train de perdre la boule.

À côté, le cheval broutait, étranger à ce qui se passait autour de lui.

— Il faut que tu chopes le mec qui l'a enlevé.

L'autre a hoché la tête.

Après elles ont pris des tabourets et se sont installées avec nous. Eloísa est apparue moins d'une demi-heure plus tard. Elle est entrée et nous a regardés. Cette réunion devait lui sembler bizarre. Elle portait de grands sacs. J'ai pensé que c'était ceux qu'elle utilisait pour ne pas se faire mouiller, mais non : ils contenaient les photocopies du visage de Dipy qu'elle avait scotchées dans le quartier.

Elle m'a dit qu'elle ne l'avait pas vu depuis douze jours. La police l'avait envoyée balader. J'ai attendu qu'elle me regarde pour parler.

— Madame, je suis venue goûter votre terre.

La fille maigre qui suivait la conversation, mine de rien, a apporté une soucoupe remplie de terre qu'ils avaient préparée je ne sais quand. Du bout des doigts, j'en ai pris un peu, l'ai tassée sur l'assiette et portée à ma bouche. J'ai fermé les yeux.

J'ai aussitôt vu Dipy manœuvrer la charrette. Le cheval jaune le tirait d'un pas soutenu, mais l'enfant avait un problème. Il se frottait la braguette, comme les gamins qui ont envie d'aller aux toilettes et traînassent jusqu'à ce qu'ils ne puissent plus se retenir.

Dipy voulait faire pipi et s'est écarté du chemin pour se diriger vers des arbres. Voulant faire profiter son cheval de cette récréation, il l'a dételé, a commencé par lui tapoter l'encolure, puis l'a caressé plus franchement. L'animal l'a devancé dans le champ. Au bout de quelques pas, il s'est arrêté net. Dipy s'est immobilisé pour pisser. Lorsqu'il a regagné le chemin, le cheval a refusé d'obéir. Dipy l'a contourné pour voir ce qu'il avait et, pile à ce moment-là, l'animal, effrayé par quelque chose qu'il venait de voir, a donné des coups de sabots en arrière et heurté le gamin à la tête.

J'ai ouvert les yeux, prise de vertiges. La première chose à laquelle j'ai pensé, c'est qu'ils allaient battre le cheval à mort. Je ne voulais pas voir ça.

— Madame, il faut que je vous parle. Seule.

Elle m'a regardée.

— Sortons, a-t-elle proposé.

Une fois dehors, je lui ai raconté l'accident. Elle n'a rien dit, s'est contentée de regarder l'animal que Dipy prenait pour aller faire des tours. Le cheval broutait paisiblement, offrant son cou au soleil qui commençait à cogner. Je lui ai répété que c'était un accident. Elle n'a pas voulu m'écouter.

— Je vais dire aux autres femmes qu'elles ne laissent pas sortir leurs gamins tous seuls. Ils peuvent être enlevés.

Les larmes coulaient sur son visage pendant qu'elle parlait.

Je n'ai pas eu envie d'insister. Je lui ai pris les mains, elle détournait le regard et répétait :

— Dehors, il y a un type qui enlève les garçons quand ils sortent seuls avec la charrette.

— Je dois y aller.

Je me suis empressée de tous les saluer et j'ai quitté cette baraque. Je n'ai rien voulu dire au grand-père, rien voulu dire à personne. J'ai descendu le chemin de terre, sorti mon phone pour appeler Ezequiel et lui raconter l'histoire du môme. Les flics n'avaient qu'à s'en occuper. À ce stade, Dipy était mort. Je lui ai demandé de passer chez moi. J'avais besoin de le voir.

36

Quand Ezequiel est arrivé, je l'attendais depuis environ une demi-heure. Il est entré, a commencé à me parler, mais c'est à peine si je l'entendais.

— Qu'est-ce que tu as ? a-t-il fait, et il a continué à me raconter des trucs, mais je n'arrivais pas à me concentrer sur son histoire.

Pour qu'il comprenne, j'ai touché sa queue par-dessus son pantalon et pris sa main que j'ai posée sur ma nuque, à la naissance de mes cheveux. Sous l'effet de mes caresses, il s'est détendu et a souri. Il m'a enlacée, serrée contre lui. J'adorais respirer son odeur. Nous étions seuls chez moi, à croire que tout ce qui comptait, c'était nous et nos baisers. Je l'ai embrassé dans le cou et, très vite, je l'ai léché. Ça m'a fait oublier le reste. Ses mains m'ont brusquement lâchée pour défaire le bouton de son pantalon, baisser la fermeture de sa braguette et sortir sa queue bien dure.

Sucer Ezequiel était comme un jeu pour moi. Je pensais à une glace en promenant ma langue sur sa bite et en l'embrassant. Il m'a laissée jouer un moment, puis m'a relevée en me prenant par les cheveux. Ses mains ont dégrafé mon pantalon et l'ont baissé brusquement, comme si on me l'arrachait, et m'ont inclinée contre le canapé de notre petit salon. J'étais la tête en bas, il a touché l'endroit où sa queue allait entrer, m'a caressée longuement en prenant tout son temps. Plus que n'importe quoi d'autre, je sentais sa chaleur. Au début ça m'a fait un peu mal quand il m'a pénétrée, un court instant de douleur, mais ensuite il a bougé en moi et ça m'a rendue dingue.

37

Deux nuits plus tard, j'ai rêvé d'Ana. Cela faisait longtemps qu'elle ne venait plus. Je commençais à me dire que je ne rêverais plus d'elle, pourtant elle était là et me demandait si j'étais en colère après elle.

Je ne lui ai pas répondu.

Elle m'a expliqué qu'elle avait mis du temps à revenir parce qu'elle croyait que j'étais en colère. Je lui ai menti en lui disant que j'étais contente de la voir et absolument pas fâchée ni rien de tout ça.

Mais maintenant moi aussi je me méfiais d'elle. Une fois, elle avait voulu que je goûte sa terre et quand je l'avais fait, elle avait piqué une crise. Et puis, je n'avais pas envie qu'elle m'entraîne par les poignets comme dans mon dernier rêve. Cela dit, Ana était mon amie et jamais je n'aurais voulu la perdre.

— On boit une bière ? ai-je proposé.

— C'est interdit, a-t-elle répondu en écarquillant les yeux.

On s'est marrées toutes les deux.

Même si j'avais presque toujours conscience d'être dans un rêve, j'évitais de lui demander : « Qui t'a emmenée ? », mais j'y pensais de plus en plus.

Elle non plus n'abordait pas le sujet, mais je sentais qu'elle l'avait remarqué. Ça me faisait vraiment mal de penser à ça.

La fois où j'avais avalé la terre du rêve, j'avais vu un type la traîner par les cheveux pendant que des rires insupportables résonnaient. Tout s'était rempli d'ombres, sauf elle. La blancheur de son corps semblait briller dans une nuit obscure, au milieu des mains obscures qui la traînaient et lui arrachaient ses vêtements. La terreur me tenaillait la colonne et je n'avais pas voulu en voir plus. Comme elle m'avait coupée, je ne lui avais rien dit.

On se taisait.

Dans le rêve elle portait un sac minuscule. Elle l'a regardé et m'a regardée moi en me disant qu'en temps normal ça aurait été son anniversaire. Elle m'a demandé si je le savais, j'ai fait non de la tête. Alors elle a ouvert son petit sac et en a sorti une cannette de bière.

J'ai baissé les yeux. Pour deux, c'était minable comme quantité, mais elle avait un si grand sourire que je n'ai rien dit.

— C'est mon anniversaire, on a le droit.

Quand elle l'a ouverte, la cannette a fait ce petit bruit que j'adorais.

38

C'était vendredi soir. Ezequiel était de garde et n'allait pas passer chez moi avant le dimanche. En pensant aux jours qui allaient s'écouler avant de le voir, j'avais l'impression de traverser le marché de La Salada les yeux bandés. Je m'asseyais dans le canapé du petit salon, me levais, tournicotais, revenais m'asseoir. Je ne tenais pas en place.

Walter était dans sa chambre avec ses amis, ils picolaient avant le Rescate. Depuis que la fille aux rangers avait cessé de venir, mon frère adorait aller danser et disparaître tout le week-end. Ce vendredi-là, je n'avais pas l'intention de rester seule et enfermée.

On a de nouveau frappé à la porte. J'ai quitté le canapé pour ouvrir. Certains potes de mon frère semblaient venir d'une autre planète. Ils arrivaient sans un bonjour, se contentant de dire : « Il est où Walter ? », « Et la console ? » et filaient dans sa piaule.

Mais quand j'ai ouvert, il y en a un qui m'a demandé si je voulais un chocolat.

J'ai refusé en riant.

Il a alors sorti quelque chose de sa poche, je pensais que c'était le chocolat en question, mais il m'a tendu un bédo.

— Tu veux fumer ?

On s'est assis devant la porte en regardant les mauvaises herbes. Le papier sentait le chocolat et répandait une fumée douce en se consumant. J'ai plané, concentrée sur les plantes. Comme ni Walter ni moi on ne s'était occupés du jardin, la passiflore menaçait d'envahir toute la maison. La plupart de ses fleurs s'étaient ouvertes et fanées, ne laissant que quelques boules orange. Au-delà des branches, mon quartier s'agitait, comme toujours à la tombée de la nuit, et ça ne me dérangeait pas d'imaginer que si un jour Ezequiel, mon frère et moi on foutait le camp, la passiflore finirait par engloutir notre baraque comme une plante carnivore.

Une maison aussi peut mourir.

On a mis du temps à se lever, on avait l'impression de s'étirer après avoir dormi. On a traversé la petite pièce en rigolant. Le mec est allé dans la chambre de Walter, moi dans la salle de bains pour me mouiller le visage. Je ne voulais pas rester seule. J'allais devoir monter un plan pour que Walter m'emmène au Rescate. J'ai passé une main encore humide dans mes cheveux en essayant de ne pas me marrer, mais je n'y arrivais pas. J'avais un sourire scotché sur la tronche.

Quand je suis entrée dans la piaule de mon frère, le type était assis par terre, au milieu des autres. La pièce était bondée.

— Vous faites quoi ? ai-je demandé, postée dans l'encadrement.

Walter n'a pas répondu.

— Qu'est-ce qu'il y a à boire ? a demandé un mec que je ne connaissais pas.

— Rien, je crois, mais on peut acheter des bières en allant au Rescate, j'ai de l'argent, ai-je lâché en fixant mon frangin.

Il s'est détourné une seconde de la Play et m'a regardée.

— Même pas en rêve ! Tu ne viens pas avec moi là-bas, a-t-il répondu d'une traite.

Sa réponse m'a donné le seum. C'était comme s'il n'avait rien entendu !

J'ai pivoté et suis allée chercher des récipients en plastique dans la cuisine. Plus par habitude que dans l'espoir d'y trouver quelque chose, j'ai ouvert le frigo et vu deux bières. Je les ai prises et ai tâtonné dans le buffet pour attraper deux chopes. Je suis retournée dans la piaule de Walter en essayant de ne rien faire tomber. Quand j'ai poussé la porte du pied, une bouteille m'a échappé et s'est fracassée par terre.

Même si j'ai refoulé mon rire, une part de moi se réjouissait de voir les bouts de verre éparpillés partout. Je suis repartie dans la cuisine pour y chercher de quoi nettoyer, et en marchant je me suis rappelé maman. Elle adorait les petits animaux en verre fondu qu'elle achetait des cacahuètes dans n'importe quelle foire. Mon daron avait remarqué que ces bestioles multicolores avaient d'abord envahi le dessus du frigo, puis le reste de la maison, et il était devenu relou avec ça. Il demandait à maman pourquoi elle dépensait leur fric dans ces cochonneries. Jusqu'au jour où il avait piqué une crise et les avait tous cassés. Le lendemain, ma mère avait recollé les morceaux et assemblé tous ses petits animaux avec de la Super-Glue. Parfois, je les regardais. Ils n'étaient plus transparents, la couleur marron de la colle les rendait sombres comme des animaux monstrueux.

Si casser une bouteille m'amusait autant, c'est que j'étais aussi sa fille, ai-je pensé en mettant les débris à la poubelle. Walter m'a rejointe, seul.

— Sœurette, on ferait bien d'y aller, a-t-il dit en posant une main sur mon épaule.

39

Le Rescate était blindé.

Pour éviter qu'ils se renversent, les mecs et les nanas se passaient leurs gobelets transparents d'un litre en levant les mains comme des soleils. Le sol tremblait, secoué à la même cadence que les minijupes. Dès qu'on est entrés, Walter s'est perdu au milieu comme un zombie. Je pensais que c'était la musique, mais non. Ses yeux ne savaient plus sur quelle couleur de jupe se poser.

L'amour n'est pas le seul à accélérer le rythme cardiaque, la musique aussi.

Tout le monde se souriait, se cherchait. Tout le monde se touchait et dansait. La fumée de cigarette s'élevait, mêlée à celle qui semblait monter des corps et s'échapper vers les lumières du plafond.

Je ne m'attendais pas à rencontrer qui que ce soit. Alors que je regardais tous ces gens s'enlacer et faire la fête, je me suis retrouvée nez à nez avec Hernán.

— Maintenant je suis maqué, a-t-il crié pour se faire comprendre. Elle s'appelle Yésica.

En entendant ce prénom, je me suis imaginé Hernán, dont je n'avais pas eu de nouvelles depuis des années, en couple.

— On a une petite fille de deux ans, a-t-il ajouté.

J'ai failli tomber sur le cul. En mode papa, Hernán a souri en bombant le torse.

J'étais contente de le revoir.

— Tu n'es plus le gamin qui se barre en courant, lui ai-je dit en prenant une longue gorgée de bière.

Sans le vouloir, j'ai pensé une seconde à Ezequiel, puis j'ai éclusé toute ma binouze et eu envie de suivre la musique et les jeunes qui étaient là.

— Tu as le droit de danser, au moins ? Je n'aimerais pas que ta meuf vienne me crêper le chignon !

Hernán rigolait. Il a dit que Yésica était super cool et que oui, il pouvait danser, qu'il n'y avait pas de mal à ça.

On a commencé à bouger. On transpirait. Hernán portait des vêtements noirs. Moi aussi. On était les seuls en noir de tout le Rescate. Et par-dessus le maché, il portait un blouson clouté orné d'une tête de mort. Il s'était rasé les cheveux sur les côtés. Au début, on nous a un peu bousculés, mais ça ne nous a pas empêché de continuer.

« Les mains en l'air », disait la chanson, et tout le monde levait les mains dans le rythme, en faisant semblant de tirer au plafond. Moi aussi je levais les mains.

On a beaucoup dansé. Au lieu d'être fatiguée, j'avais de plus en plus la pêche. Au bout d'un moment, Hernán a dit qu'il devait y aller, qu'il cherchait un plan pour acheter de la paraguayenne compressée mais qu'avant, il payait sa bière.

Il est allé la chercher et il est revenu. On l'a bue à côté de la piste, en regardant les gens danser. J'avais l'impression d'être une touriste, j'ignore s'il ressentait la même chose.

— Excuse-moi, a-t-il dit un peu plus tard, sans lever les yeux de son verre. J'ai eu la trouille.

Il m'a fait la bise et enlacée longuement avant de tourner les talons pour partir. En le voyant s'éloigner vers la sortie, je me suis rappelé la nuit où le type était venu en voiture et nous avait tiré dessus. C'était la dernière fois qu'on avait été ensemble.

Fondu dans la foule, il s'est retourné, a levé une main pour me saluer de nouveau et il a disparu.

40

Je suis restée un moment seule, jusqu'à ce que j'aie envie de partir. J'avais la tête remplie des mots que crachait la cumbia, pas de sa joie. Je me sentais aussi étourdie, avec des fourmis dans les jambes.

Je me suis dirigée vers la porte. J'ai traversé un couloir sombre qui ressemblait à un tunnel en marchant lentement, comme si je n'étais pas sûre de devoir partir. Dehors, il faisait tellement noir que je n'arrivais pas à savoir s'il y avait une pluie fine ou si c'était la rosée qui tombe peu avant le lever du jour. J'espérais bientôt voir le chemin bordé de palmiers débouchant sur la nationale 8, deux rangées d'arbres efflanqués qui poussaient dans les pavés et le bruit des camions, mais les lampadaires m'aveuglaient et pour avancer, il fallait que je regarde le sol.

J'ai parcouru ainsi plusieurs mètres, puis j'ai levé les yeux pour affronter les lumières.

Beaucoup de gens allaient çà et là, nerveux et, plus loin, un attroupement se formait, comme quand il y a un accident. Même si ça me dérangeait, je devais passer par là. J'ai pressé le pas, poussé les gens pour fendre la foule au plus vite. J'ai vu que des flics essayaient de contenir les curieux et, plus loin, quelqu'un allongé par terre, dans une flaque de sang. Je me suis approchée pour regarder. J'ai reconnu d'abord le blouson noir clouté, puis la tête de mort et, enfin, celle d'Hernán.

Quelqu'un m'a agrippé le poignet.

— Putain, mais qu'est-ce que tu fous là avec ces lascars ?

C'était Ezequiel. La tronche qu'il a tirée en me voyant est encore gravée dans ma tête. Je ne l'avais jusqu'alors jamais entendu nous traiter de « lascars ».

En me gueulant dessus parce qu'il était furax, Ezequiel m'a prise par la main et on a franchi le périmètre de sécurité que ses collègues étaient en train d'installer. Je ne sais pas où il comptait m'emmener, mais j'ai tiré sur sa main et suis restée là où j'étais pour lui faire comprendre qu'il n'était pas question que je bouge de là. Je me suis approchée d'Hernán. La douleur m'a aidée à m'agenouiller à côté de son corps.

— Tu le connais ? m'a demandé Ezequiel.

Je ne lui ai pas répondu mais je n'ai pas non plus lâché sa main, même quand j'ai tendu mon autre main pour caresser le corps et le sol comme si c'était un tout. Je l'ai laissée posée près du blouson noir, concentrée sur la tête de mort pour éviter de regarder Hernán. Après j'ai extrait un peu de terre sèche en la cassant, comme peut s'extraire de la vie un ami quand il meurt.

J'avais envie de parler sans savoir si c'était à la terre ou au corps d'Hernán, mais j'ai serré plus fort la main d'Ezequiel et me suis levée.

Je n'entendais rien. Les autres keufs chassaient les badauds mais ils avaient du mal, ils ne voulaient pas partir. Et pendant ce temps, mon envie de parler me brûlait la gorge. Mais si je parlais, il me serait impossible d'avaler la terre. Pourtant le silence me démangeait jusqu'au plus profond de mon âme. J'avais froid dans tout le corps, sauf à la main que tenait Ezequiel. J'ai fourré l'autre dans ma poche, serrant la terre comme un trésor.

Je me suis aperçue que les gens me regardaient. Quelqu'un avait dit « Mangeterre » ?

Je n'entendais pas mais je voyais, ça oui, je voyais ce nuage d'yeux écarquillés pareils à des trous. Derrière le rimmel qui avait coulé et les visages sans sommeil, je voyais se mêler le chagrin et la colère. Et aussi quelque chose de nouveau : la peur.

Ezequiel m'a tirée de là pour m'entraîner jusqu'à sa voiture. Il a ouvert la portière du passager, m'a installée à l'intérieur avant de refermer. Je sentais encore le regard des gens sur moi.

— Attends-moi ici.

De quoi avaient-ils peur ?

De moi ?

Hernán, qui s'était écarté à temps la première fois, était mort à présent. Il n'était jamais revenu. C'est moi qui, sans le chercher, étais partie à sa rencontre.

J'ai attendu un peu qu'Ezequiel s'éloigne pour mettre dans ma bouche le morceau de terre dure.

Je savais que ce serait douloureux.

J'ai fermé les yeux.

Il n'y a eu qu'un court moment de nuit.

Puis j'ai commencé à voir.

41

J'ai dormi en ayant la gueule de bois. C'était sans doute pour ça que dans mon rêve, Ana avait les yeux très cernés. Je ne l'avais jamais vue dans cet état. Elle parlait, visiblement frappée de folie.

— L'entrepôt Panda, interdit, répétait-elle comme une incantation.

Et moi, pour la calmer, je lui répondais que je le savais déjà. Qu'elle me l'avait déjà dit.

Mais elle ne m'a pas crue. Elle m'a regardée de ses yeux tristes.

— Mais tu vas y aller ! Tu vas y aller !

Elle était flippée, méconnaissable.

— Il n'y en avait pas qu'un. Un premier m'a tirée. Un autre m'a ligotée et ils étaient plusieurs à arracher mes vêtements.

Je ne voulais pas l'écouter. Je me suis bouché les oreilles en pensant que ce n'était qu'un rêve, un rêve, pendant que la douleur me vrillait la tête.

Elle continuait et je n'arrivais même plus à compter les mecs qu'elle nommait.

J'ai enlevé les mains de mes oreilles et elle s'est tue.

Elle a attendu un moment, et quand elle a constaté que je l'écoutais de nouveau, elle a repris :

— L'entrepôt Panda, interdit.

Je me suis réveillée. Je ne voulais plus jamais rêver d'elle.

42

Ses bras et ses jambes n'étaient jamais immobiles, comme ses lèvres, qui lorsqu'elle parlait avaient le pouvoir de concentrer tous les yeux sur elles. Son corps avait juste ce qu'il fallait de chair, semblable à un petit appareil qui a la puissance des objets neufs. Je lui donnais treize ans, mais je n'arrivais pas encore à savoir si c'était un garçon ou une fille, et je voulais qu'elle parle fort car je n'avais presque pas dormi et j'étais à moitié dans les vapes. De ma place, j'entendais à peine sa voix. Mais son rire me parvenait. Les autres l'appelaient « Miseria » et je pensais qu'elle allait se mette en pétard pour ça, mais non. Elle continuait de se marrer sans relever. Chaque fois que quelqu'un lui disait « Miseria » elle encaissait, comme si c'était un prénom banal.

Quand je m'étais réveillée, après midi, Walter avait débarqué avec les mecs qui nous avaient accompagnés au Rescate la veille au soir.

Chacun avait ramené une nana de la boîte et l'un deux, je ne sais pas lequel – Walter ? – s'était pointé avec Miseria.

« C'est forcément une fille », me suis-je dit alors que ni moi ni personne ne pouvait détacher ses yeux d'elle.

On était presque tous assis par terre. Deux des mecs s'étaient installés dans le canapé de notre petit salon et, assise entre eux, Miseria n'arrêtait pas de tchatcher.

Mon frère était dans la cuisine, il préparait des Fernet et nous en apportait régulièrement. Il faisait passer le verre et celui qui le prenait d'une main l'approchait de sa bouche, doucement, comme si entre deux gorgées il se perdait dans ses pensées, dans un souvenir d'Hernán.

Miseria était sans doute la seule à ne pas l'avoir connu. « Trop jeune », me suis-je dit. Elle était vraiment maigre, et ses cheveux qui couvraient à peine ses oreilles tombaient tout le temps vers l'avant, du côté de son sourire.

Walter m'a tendu un Fernet et je me suis assise par terre. J'ai bu lentement, mais l'alcool m'a aussitôt tapé sur le système. Je n'avais rien mangé. Peu à peu, le sol m'a fait songer à une veillée funèbre sans corps. Des verres qui allaient de main en main, un rire, le silence.

Qu'est-ce qu'on allait faire ?

Rien ne me venait à l'esprit. J'avais envie d'appeler Ezequiel. J'avais envie qu'ils sortent tous de chez moi. Si Ezequiel était arrivé et nous avait tous trouvés en train de picoler, il n'aurait rien compris.

Par terre, j'avais replié les genoux pour les enlacer de mes bras. J'étais tellement recroquevillée, plongée dans mes pensées, que lorsque Miseria m'a parlé j'ai eu du mal à faire entendre ma voix. La gamine voulait s'asseoir à côté de moi et me demandait si ça ne m'embêtait pas.

Alors ça a fait tilt et j'ai compris qu'ils étaient tous ensemble et que moi j'étais seule.

— C'est bon, viens, ai-je dit, et elle s'est assise.

Elle m'a expliqué qu'elle avait laissé son legging au vestiaire de la boîte. Je n'ai pas répondu. Je songeais que je n'avais pas fait mes adieux à Hernán, que maintenant c'était trop tard. Une fille s'est mise à pleurer et quelqu'un, près d'elle, l'a enlacée et lui a donné un verre.

— C'est pour ça que je porte le froc de ton frère, a dit Miseria en éclatant de rire. Je ressemble à une camionneuse.

Elle me faisait penser à moi.

— Si tu as oublié ton legging au vestiaire, avec quoi tu es sortie du Rescate ?

Avec deux de ses doigts, elle a fait un geste pour représenter quelque chose de minuscule.

— Une minijupe. Jaune. Comme celle de la chanson.

Je lui ai souri.

Elle a hoché la tête, puis m'a raconté qu'elle connaissait Hernán depuis qu'elle était gamine. Quand sa mère n'avait pas de boulot, elle l'emmenait dans une cantine sociale du quartier. C'est là que les autres gosses lui avaient donné son surnom.

— Je vais lire dans ta main, m'a annoncé cette môme qui n'avait pas froid aux yeux.

Sans me demander mon accord, elle a pris ma main et, pendant qu'elle l'étudiait, je me suis souvenue que quand j'étais petite, j'allais moi aussi à la soupe populaire.

On mangeait tout à la cuillère parce qu'il n'y avait ni couteaux ni fourchettes. Ça devait suffire. La dame qui te servait te la donnait et il fallait baisser la tête pour échapper à la grimace qui fronçait un côté de sa bouche, comme un ver. J'essayais de ne pas la regarder car elle me faisait peur. Quand elle te voyait manger avec les mains, elle te tapait avec sa cuillère en bois. « Petits cochons », disait-elle.

Quand maman est morte, la tante nous emmenait à la soupe populaire, Walter et moi, pour que cette dame nous remplisse le ventre. Une fois, elle m'avait dit la même chose que ce que venait de me sortir cette gamine en regardant ma main :

— À la longue, ça va bien se passer pour toi. Tu vas trouver ta voie, mais tu devras le payer cher.

Sans savoir pourquoi, je suis restée là, le sourire aux lèvres, à croire que j'avais été mordue par la couleuvre de l'amour sur laquelle on avait dansé la veille, avec Hernán.

J'ai regardé Walter en ayant l'air de lui demander : « Tu l'as trouvée où, cette môme ? », mais il n'a pas compris. Il continuait à distribuer des Fernet comme des médicaments.

« Qu'est-ce qu'on va faire, putain ? » ai-je de nouveau pensé en prenant une autre gorgée.

43

Si j'ouvrais la bouche, ils allaient tous vouloir démolir Ale Skin.

Je l'avais vu pour la première fois au moins mille ans plus tôt, mais je m'en souvenais comme si c'était hier. J'étais gamine, six ou sept ans, et je n'arrêtais pas de piquer des crises parce que je faisais une fixette sur des petites bottes que je voulais qu'on m'achète. Personne n'en avait rien à battre. Jusqu'au soir de mon anniversaire, où ma mère m'avait donné un sac avec un nœud. Elle n'avait pas attendu que je l'ouvre pour me dire :

— Ne vas pas les tacher.

J'étais tellement conne que je les ai enfilées aussitôt et suis sortie uniquement pour que toutes les filles me voient. L'une d'entre elles a trouvé un prétexte pour se battre avec moi et les autres l'ont soutenue. Je n'ai pas tenu très longtemps, il a fallu que je rentre. Pour pouvoir ressortir avec mes petites bottes aux pieds, parce qu'il n'était pas question de les enlever, j'ai collé au cul de Walter. Je suis allée dans sa chambre et j'ai attendu hyper longtemps avant qu'il décide de sortir. Ce jour-là, il avait envie de jouer aux jeux vidéo. « Mauvaise troupe », a fait le daron comme s'il respirait de la merde, mais mon frangin s'en foutait.

Nous étions donc tous les deux bien déter, ce jour-là. Moi avec mes petites bottes neuves et Walter avec ses jeux vidéo. Et on est partis.

On marchait vite en regardant droit devant nous, sans échanger un mot. Walter avait dit qu'on irait le long des voies, c'était plus direct. Sauter par-dessus les barbelés ne me plaisait qu'à moitié, mais l'avantage des voies désaffectées, c'est qu'on n'y croisait personne. J'ai essayé de sauter, comme mon frère, mais je n'y arrivais pas, alors j'ai rampé par-dessous, sans voir qu'il y avait dans l'herbe sèche du cambouis qui s'est étalé en plein sur mes bottes.

J'ai frotté en fermant les yeux, frotté plus fort. Non seulement la tache ne partait pas, mais plus je frottais et plus la graisse se répandait. Alors j'ai enlacé mes jambes et fondu en larmes. Walter a essayé de me consoler pour que je me relève et que j'arrête mon cirque, mais je n'ai cessé de pleurer qu'en ouvrant les yeux et en les voyant s'avancer le long de la voie morte.

Ce n'était pas leurs vêtements noirs ni leurs têtes rasées qui donnaient l'impression que ces quatre lascars pouvaient te broyer les os, mais la manière dont ils se dirigeaient vers nous. Ale Skin était le seul à tenir un bâton gigantesque. Mon frère ne m'a pas dit que c'était une batte de baseball. La peur me nouait la gorge. Au lieu de filer à la salle de jeux vidéo, on est restés paralysés.

Une fois près de nous, Ale Skin a levé son bâton en disant :

— J'ai envie de jouer.

Les trois autres gusses ont ri. Ils parlaient et rigolaient devant nous comme si on n'était pas là. « On joue avec la tête de la gamine », a répondu un de ses potes, et Ale Skin a agité sa batte dans le vide, faisant mine de m'arracher la tête. Rapide, Walter s'est planté devant moi et l'a regardé fixement. Les trois autres se sont marrés et j'ai failli me pisser dessus. Ensuite il a baissé la batte, s'est approché de mon frère et lui a craché à la figure. Ils se sont de nouveau marrés. Walter n'a pas moufté. Alors que mon cœur était prêt à exploser tellement j'avais peur, ils ont fait demi-tour pour je ne sais quelle raison et se sont éloignés. Walter a essuyé le crachat avec la manche de son sweat et on a gardé le silence.

Dans la vision que j'avais eue, il était tout en noir, la boule à zéro, comme cette première fois. Mais au lieu d'une batte il avait un couteau caché dans ses fringues. Avec ce couteau il avait supprimé Hernán d'un geste vif, sans traîner. Le mec savait ce qu'il faisait, mais moi j'avais du mal à comprendre pourquoi il l'avait fait.

Miseria a pris quelques gorgées de Fernet et m'a tendu le verre. J'avais le poignet qui tremblait. Je détestais quand le Fernet me fracassait. Je détestais les taches. Je détestais l'alcool répandu par terre. Je détestais qu'on verse des larmes sur le sol de ma maison pour pleurer un ami mort.

« C'est Ale Skin », ai-je pensé. Ces mots me brûlaient la gorge mais je ne voulais rien dire : certains mots aussi peuvent te tacher. J'ai pris mon verre, je contrôlais mon alcool maintenant. En voyant que mon frère était le seul debout, je l'ai levé vers lui et il m'a répondu en esquissant le même geste.

Miseria m'a regardée en souriant. Sûr qu'elle devait croire que le Fernet m'avait tapé sur la tronche et que j'étais bourrée. Elle m'a dit qu'elle avait mal au ventre en pointant un doigt entre ses côtes.

— Tu as mangé ?

Elle a commencé par hausser les épaules, comme si ce n'était pas important, puis elle a fait non de la tête et elle a rigolé, mais son rire s'est stoppé net et elle s'est retouché le ventre. Elle m'a réclamé le verre et a pris une autre gorgée. Miseria avait faim et buvait du Fernet. J'aurais voulu lui dire que j'allais lui préparer quelque chose, mais il n'y avait rien à se mettre sous la dent à la maison.

Je me suis dit qu'on allait devoir sortir pour acheter de quoi manger, mais bouger tout ce monde ne serait pas simple. Moi aussi j'avais dû mal à m'activer.

Je me suis levée avec difficulté en regardant Walter, qui discutait avec deux nanas et un mec. J'ai marché dans l'intention de lui demander qu'il vienne avec moi acheter des pizzas ou du pain et de la charcuterie, mais en le rejoignant j'ai eu un blanc.

— La terre a dit que c'est Ale Skin qui a tué Hernán.

C'est tout ce que j'ai été capable de sortir.

Il y a eu un silence de mort, et brusquement tout le monde s'est réveillé. Les nanas et les mecs se sont levés, furax, et se sont mis à parler et à crier.

On ne s'entendait plus.

— C'est Ale Skin, ce fils de pute ! a dit un gars.

— Les fils de pute ! Tu sais ce qu'on va leur faire ? a lâché quelqu'un d'autre.

— On doit venger Hernán, a dit une nana que je ne connaissais pas.

Ils parlaient tous ensemble et répétaient la même chose, de plus en plus vénères. Mon frère était le seul à ne rien dire. Il allait nerveusement d'un côté à l'autre.

J'ai pensé que la meilleure chose à faire aurait été d'appeler Ezequiel, et que je n'aurais surtout pas dû aller au Rescate et croiser Hernán. J'avais envie qu'ils se barrent. Qu'ils me laissent seule chez moi. J'avais très mal à la tête.

J'ai cherché Miseria des yeux mais ne l'ai pas vue.

Je l'ai trouvée dans la cuisine.

Adossée contre le plan de travail, elle mangeait des frites avec les doigts. Elle les prenait dans un cône en carton qui avait l'air imbibé de graisse. On sentait leur odeur depuis la porte. Quand elle m'a vue, elle a tendu le bras.

— Tu en veux ? Elles étaient dans le frigo.

Je lui ai répondu que je n'avais pas faim, elle a continué à manger en léchant ses doigts couverts d'huile, comme si elle se foutait que je sois là. Elle a baissé la tête pour attraper les dernières frites sans cesser de mâcher.

Walter est entré à ce moment-là, il nous a vues et est parti sans décrocher un mot. Il avait l'air ailleurs.

Miseria l'a regardé, puis m'a regardée moi :

— Tu es conne. Pourquoi tu ne me l'as pas dit ?

44

Il n'y avait plus personne chez moi.

Malgré le poids de l'alcool, de la tristesse et de la fatigue, les nanas et les mecs marchaient vite.

Pas moi. Je ne pensais qu'aux dernières fois que j'avais rêvé d'Ana, à Walter à l'entrepôt de Tito le Panda et à la lame de ce couteau pointée sur lui. Je savais que c'était le même que celui qu'on avait planté dans le corps d'Hernán et que nous allions le revoir. J'ai de nouveau songé à appeler Ezequiel. Au moins à lui envoyer un SMS. Mais non. J'aurais dû m'expliquer pendant des heures.

J'ai regardé les autres nanas. Collées aux mecs, il y en avait deux qui essayaient de les suivre en faisant des pas gigantesques. Là où on était, les rues avaient disparu et on n'entendait plus le bruit de la route. On distinguait la roselière et, plus loin, le terrain qui m'avait toujours effrayé parce que j'avais l'impression que les arbres et les plantes dissimulaient des gens.

Nous quittions la terre que je connaissais pour en fouler une autre, qui ne me plaisait pas du tout car si je la goûtais, je savais qu'elle me montrerait des choses que je n'avais pas envie de voir. Elle me les jetait à la figure, comme l'air qui nous tombait dessus et avait une odeur différente.

Les autres accéléraient de plus en plus. Moi aussi. Miseria semblait même s'amuser. Elle n'avait aucune difficulté à presser le pas, continuait à rire sans être essoufflée. Est-ce qu'Hernán comptait à ses yeux ? Elle m'énervait un peu. Et mon frère et moi, on comptait pour elle ?

Elle nous accompagnait quand même.

Elle m'a demandé si c'était encore loin.

Je lui ai répondu qu'on n'allait pas tarder, alors elle a cessé de sourire.

— Tu es déjà venue dans le coin ? lui ai-je demandé.

— Ça va pas, non ? Pour faire quoi ? Je me ferais tuer par ma daronne, a-t-elle répondu en écarquillant les yeux.

On voyait déjà l'immense panneau qui surplombait l'entrepôt principal, un des côtés bouffé par la rouille, ce qui ne nous empêchait pas de lire : ENTREPÔT PANDA.

On l'a laissé derrière nous. Devant moi, une nana a trébuché et s'est ramassée. L'herbe était haute, le sol invisible. Deux gars l'ont aidée à se relever pendant qu'elle tenait sa cheville. Elle s'est remise à marcher en boitillant. Les autres avaient continué. Miseria aussi. Avec les retardataires, je me suis dépêchée de rejoindre le groupe. Maintenant que nous étions tout près, personne ne voulait rester seul, en retrait, quand Ale Skin apparaîtrait.

La nuit tombait.

Un camion était garé en travers de l'entrée du parking, des cartons de bière empilés à l'arrière, comme pour une fête. Ceux qui nous devançaient se sont arrêtés pour regarder le camion et nous attendre. J'ai touché une bouteille tiède. Sous le véhicule, le sol était en bitume.

On s'est tous dirigés vers la porte de l'entrepôt qui était éclairé.

Miseria et moi on s'est regardées du coin de l'œil.

Avec la quantité d'alcool qu'il y avait là, l'endroit allait forcément se remplir. Mais il était encore tôt pour un samedi soir. Ils n'avaient même pas mis les bières au frigo.

Un énorme type était planté devant la porte.

— Vous faites quoi, là ? a-t-il demandé à mon frère.

Il nous a matés de la tête aux pieds.

— Vous venez pour la teens party ?

Comme il voyait qu'on ne répondait pas, mais que personne ne faisait mine de bouger, il nous a examinés de plus près et, en silence, nous a laissés entrer.

45

C'était un entrepôt de merde. Il faisait plus sombre à l'intérieur que dehors. La soirée n'avait pas encore commencé et ceux qui picolaient depuis des heures étaient de vrais fantômes.

Le toit était si haut que j'avais l'impression qu'on était tous minuscules, mais j'ai essayé de ne pas montrer ma peur. Une musique que je n'avais jamais entendue s'élevait. Les murs autrefois blancs étaient d'un gris crasseux et la lumière des spots, noyée dans la fumée de cigarette, n'éclairait pas grand-chose. J'étais étonnée de voir de la fumée. Je ne me rappelais pas en avoir vu dans mon rêve.

De nous tous, le seul qui marchait en restant droit était Walter. On s'est dispersés par groupes de deux ou trois. Miseria s'est dirigée vers une zone avec des tables et je suis restée à côté d'elle. Je n'osais tourner le dos à personne. J'observais les lieux dans l'intention de trouver une tête connue, mais non, il n'y avait que des fantômes. De temps en temps, les autres et moi, on se consultait du regard.

Miseria avait un sourire scotché sur le visage, comme si elle voulait donner l'impression que tout allait bien, mais ce n'était plus le sourire d'avant. Et elle aussi cherchait, comme moi et comme les autres. J'attendais qu'apparaisse le premier signe de ce que m'avait montré la terre. À partir de là, tout nous tomberait dessus sans qu'on ne puisse rien arrêter, jusqu'au moment où le couteau surgirait.

Sur les tables, au milieu des bouteilles et des verres, il y avait des cartes – couleurs, diamants, cœurs. Miseria, moi et les autres nanas qui accompagnaient les gars étions les seules femmes. Les clients, uniquement des mecs, n'arrêtaient pas de nous mater.

On s'est approchées d'une table. Les types qui jouaient se sont poussés pour nous faire de la place. Je ne comprenais pas à quoi ils jouaient, mais l'odeur qui montait de leurs corps, des verres et des cendriers pleins de mégots me rappelait celle que sentait parfois mon daron, qui imprégnait ses fringues, ses cheveux et sa peau. Un type m'a tendu un verre lourd. Sa main chaude m'a touchée avant que je le prenne. J'ai bu une gorgée pour goûter cet alcool, j'ignorais ce que c'était mais ça m'a plu, alors j'en ai bu plus et lui ai redonné son verre.

J'ai vu mon frère se diriger vers un long bar qui s'étendait sur un des côtés de l'entrepôt, au-delà des tables. Deux des nôtres le suivaient. Il marchait avec une assurance qui m'a frappée, s'est penché au-dessus du comptoir, a commandé quelque chose, pris la bouteille de bière qu'on lui tendait et payé. Puis il s'est tourné et a éclusé la binouze au goulot. Je ne l'avais jamais vu boire comme ça quand on sortait. Ça m'a dérangée. Aucun des mecs qui étaient là ne le faisait. Il a remis ça et les joueurs ont commencé à le regarder d'un sale œil.

— Arrête, Walter, lui ai-je dit en le rejoignant.

Mais il a fait comme s'il ne m'avait pas entendue et a passé la bouteille à un pote, à côté de lui, qui a bu sans essuyer le goulot. Ils ont rigolé bien fort et commencé à s'agiter.

Maintenant, tout le monde les matait en train se marrer. Mon frère et ses potes faisaient circuler les bières de main en main, jusqu'au moment où Walter a avalé une énorme gorgée avec laquelle il s'est étouffé, et il s'est mis à tousser. Il voulait continuer de boire, mais la toux l'en empêchait. De la mousse a débordé de la bouteille et s'est répandue sur le sol. En voyant ça, mon frère, sans cesser de tousser, a lâché la cannette qui s'est fracassée par terre et il a dégueulé, plié en deux.

Dans mon dos, une voix tranchante et méprisante s'est élevée, celle que j'avais entendue l'après-midi où j'avais taché mes bottes, celle d'Ale Skin.

— Putain mais qu'est-ce qu'ils foutent, ces bâtards ?

46

Apparemment, dans le rêve, Walter n'avait pas reconnu la main. À la seconde même où il s'est tourné vers Ale Skin, il a sorti un schlass qu'il avait dû préparer depuis longtemps. L'effet de la bière avait disparu. Très en forme, Walter a porté son coup mais l'autre l'a esquivé.

Et Ale Skin a lui aussi tiré son couteau de la poche arrière de son pantalon.

Les autres crânes rasés étaient là aussi.

Miseria luttait avec un mec sorti de je ne sais où. Elle s'est emparée d'une boutanche, puis je l'ai perdue un instant de vue et j'ai ensuite aperçu un tesson de bouteille et un type sur le sol.

Ale Skin a retiré son blouson en fixant mon frère. Il attendait qu'il rejoue du couteau et Walter, de son côté, attendait de voir bouger la lame que l'autre tenait dans sa main gauche. Son visage avait quelque chose d'animal.

Ale Skin a avancé son schlass et mon frère a reculé, mais son rival l'a titillé d'un geste vif de la main qui serrait son blouson. Walter a de nouveau approché son couteau qu'Ale Skin a fait voler avec son blouson et, au même moment, il lui a shooté dans la jambe. Walter s'est recroquevillé. Il se protégeait de ses avant-bras pour ne pas être touché, puis lui a balancé un coup de latte, faisant tomber son arme loin de lui. Il en a profité pour lui mettre un poing dans la gueule et Ale Skin s'est ramassé. Le rapport s'était inversé et, debout, Walter l'a roué de coups.

Le gorille de l'entrée est arrivé au pas de course. Il s'est approché de Walter par derrière, sans qu'il le voie, l'a soulevé par les aisselles et immobilisé. En une seconde, Ale s'est relevé. Sachant que mon frère ne s'en sortirait pas face à ces deux-là, j'ai cherché les autres du regard pour voir si quelqu'un pouvait l'aider, mais ils étaient tous en train de se tabasser. Personne n'était libre.

C'était maintenant au tour d'Ale Skin de s'acharner sur mon frère, qui encaissait coup sur coup. Il ne pouvait pas bouger, je ne voulais pas en voir plus. J'ai baissé les yeux sur le couteau d'Ale Skin, par terre. Il n'était pas loin, je devais le prendre par un moyen ou par un autre. Quand j'ai voulu m'approcher, j'ai reçu un terrible coup de pied et me suis écroulée, incapable de faire un geste.

— On va lui en coller une, ai-je entendu.

J'ai levé la tête et vu celui qui m'avait frappée. Miseria et l'autre nana se sont précipitées sur lui. Le type a reculé et m'est tombé dessus.

Juste devant moi, j'ai vu une main s'emparer du couteau et m'effleurer. Je la connaissais, cette main, et aussi le bras qui a empoigné le gars affalé sur mon corps. Elle a soulevé le mec comme un sac poubelle et lui a flanqué une grosse beigne qui l'a laissé un moment hors de combat.

C'était mon daron.

En me rendant compte de ça, j'ai eu le souffle coupé.

Il a caché le couteau et s'est approché de l'endroit où Walter résistait, a agrippé Ale Skin, l'obligeant à cesser de frapper et à reculer. Surpris, le mastard de l'entrée qui tenait mon frère a relâché la pression, assez pour que Walter puisse se dégager.

— Barre-toi, espèce de vieux con, a dit Ale Skin.

Et mon daron, avec la rapidité d'un homme qui sait se déplacer entre les ombres, a dégainé le couteau et le lui a planté dans le corps.

47

J'étais sonnée.

C'était comme si le gris des murs nous avait transmis quelque chose.

Dans l'entrepôt c'était le bordel. On se dirigeait vers la sortie. Personne ne s'en était bien tiré, mais personne n'était trop amoché non plus. On me poussait, on m'entraînait, je sentais un bras passé autour de ma taille. C'était mon daron. Je n'avais pas besoin de le voir pour savoir que c'était lui. J'entendais les insultes comme si un chien nous aboyait dessus.

— Ce n'est pas fini, fils de pute ! hurlaient les rasés, restés derrière nous.

Leurs voix se voulaient percutantes, pourtant ils ne bougeaient pas. Ils entouraient Ale Skin.

J'ignore pourquoi, mais j'étais sûre qu'Ale Skin ne s'en sortirait pas. Ils auraient beau faire tout ce qu'ils voulaient, il était aussi mort qu'Hernán.

Je n'arrivais même pas à parler. Walter continuait de crier et moi je n'avais qu'une envie, c'est qu'il la ferme. Qu'ils la ferment tous. Qu'ils foutent le camp et nous laissent seuls, mon frère et moi, comme toujours.

À un moment donné, mon daron m'a lâchée et s'est immobilisé.

— On va se revoir, lui a dit Walter.

Il n'a pas répondu, mais il y avait du soulagement dans ses yeux.

Ça faisait deux fois que je le voyais tuer.

Troisième partie

48

— Mangeterre, l'endroit où tu as appris à avaler de la terre n'existe plus. Tout va s'écrouler, a dit Ana dans mon rêve.

J'ai observé autour de nous. Je ne savais pas où on était. Ni dans mon quartier, ni à l'entrepôt.

— On est où, là ?

— Je t'avais dit qu'il ne fallait pas y retourner, que c'était interdit, a-t-elle ajouté. Maintenant regarde-moi. Ils viennent pour vous. Tu veux continuer avec tes visions ?

— Non.

— Et moi alors ? Tout ce que tu m'as promis ?

— Je veux arrêter, Ana.

— Mais tu peux les trouver, eux. Les faire mettre en prison. Pour moi. S'ils restent en liberté ils tueront de nouveau, tu comprends ?

Sa voix était tellement horrible que je me suis réveillée.

49

— Walter, si on partait ?

Je ne sais pas s'il dormait, mais quand il m'a entendue il s'est tourné et a plaqué l'oreiller sur sa tête. J'aimais bien le voir dormir dans ce lit. Pendant quelques minutes j'ai eu l'impression qu'il ne s'était rien passé.

J'ai attendu. Je l'entendais à peine respirer.

J'allais quitter la pièce quand il m'a dit :

— Mets la bouilloire sur le feu.

J'ai allumé un brûleur, rempli la bouilloire que j'ai posée dessus et je suis restée devant, à la regarder. Mon frère m'a rejointe, il a ouvert le frigo pour prendre une bouteille d'eau. Il s'en est servi un verre et s'est adossé au mur, à côté de moi. Pendant qu'il buvait, il regardait lui aussi le feu.

— Tu te souviens quand tu as oublié la bouilloire du daron et qu'elle était toute noire ? Il était furax.

J'ai gardé les yeux rivés sur le brûleur jusqu'à ce que ça s'assombrisse dans ma tête.

Je n'aurais jamais cru que notre départ me rendrait aussi triste. Au lieu de lui répondre, je lui ai demandé :

— Et qu'est-ce qu'on fait des bouteilles ?

Il a bu une autre gorgée d'eau.

— Elles restent ici.

On regardait toujours le feu en silence. Il m'a semblé que la bouilloire chauffait trop, mais je n'ai pas bougé.

Walter a éteint le feu, mis la bouilloire sous le robinet et fait couler l'eau froide. Pendant ce temps, j'ai pris la calebasse et le paquet de maté encore à moitié plein.

On s'est assis à la table du petit salon.

Tout de suite après, Miseria a poussé la porte et est entrée sans frapper.

Elle a regardé le maté et s'est installée avec nous. Elle avait son autre sourire.

— Je vends la moto, ça nous fera un peu de fric. Les outils, je les prends, ça peut servir, a dit mon frangin comme si on était encore seuls.

— Je veux arrêter la terre, ai-je lâché.

Walter n'a pas répondu.

Miseria me regardait avec de grands yeux.

J'ai passé la calebasse à mon frère, qui y a versé de l'eau et l'a tendue à Miseria. Leurs doigts se sont touchés.

— Et de quel côté on va ?

Je ne savais pas pourquoi, mais je voulais que leurs doigts se séparent.

— Je viens avec vous, est intervenue Miseria.

— Tu es folle, ma cocotte. Je n'ai pas envie de finir en taule, a dit Walter en posant violemment la calebasse sur la table, comme si par ce geste il indiquait que le sujet était clos.

Miseria n'a pas eu peur. Au contraire, ça lui a apparemment donné plus de forces.

— Je n'ai qu'à dire à ma mère que j'ai trouvé du taf et je m'en vais moi aussi.

Walter et moi on s'est regardés.

— Mais dans quoi tu peux bosser, toi ? lui a-t-il lancé.

— Aucune idée, mais si je lui dis ça elle me laissera partir, c'est sûr.

Je me suis tue. Je pensais que Miseria était à peine plus grande que moi quand on avait tué ma mère, et que j'aimais bien l'idée qu'elle nous accompagne.

On a gardé le silence un long moment, jusqu'à ce que Miseria reprenne la parole :

— On emmène la calebasse.

Et elle a rigolé.

Je voyais bien que Walter la kiffait.

Il s'est levé et s'est approché de ma chaise.

— Eh bien on part, sœurette, a-t-il dit en m'embrassant sur le front.

50

Walter était sorti avec Miseria. Je crois qu'ils étaient allés chez elle. Je ne les avais pas vus partir.

Je me suis allongée un moment sur mon lit. J'étais lessivée mais trop speed pour pouvoir dormir. La pire des associations. Même mon cœur refusait de se calmer. J'ai fermé les yeux.

« Et Ezequiel ? » me suis-je demandé.

« Ezequiel reste ici. »

N'ayant personne à qui parler de ça, je faisais moi-même les questions et les réponses.

« Et Ezequiel ? »

« Ezequiel reste ici. »

J'ai soulevé les paupières, suis allée chercher un miroir dans le tiroir. C'était celui de maman. Je me suis rappelé toutes les fois où je l'avais vue se regarder dans ce miroir et j'ai essayé d'y trouver une trace d'elle, quelque chose de ma mère qui puisse m'aider.

J'ai vu mes lèvres bouger :
« Ezequiel reste ici. »

J'ai pris la couverture et l'ai remontée jusque sous mon cou. Les yeux clos, j'ai fondu en larmes.

51

Quand j'ai proposé à Ezequiel qu'on se retrouve, il a apprécié.

Dans le miroir de la salle de bains, j'ai cherché des traits différents sur mon visage, mais soit il n'y avait rien, soit j'étais incapable de voir quoi que ce soit. J'avais les mêmes yeux que d'habitude.

Je me suis brossé les dents, j'ai mis du mascara, pris mon sac à dos, cherché les clés, puis je suis sortie et j'ai fermé la porte. Je me suis interrompue alors que j'introduisais la clé dans la serrure. « Pourquoi fermer à double tour si on part ? », ai-je pensé. J'ai laissé la porte ouverte, fourré les clés dans le sac à dos et me suis dirigée vers le commissariat.

En arrivant, j'ai vu qu'il m'attendait devant la porte. Je l'ai embrassé vite fait. Il n'était pas fâché que je ne l'aie pas appelé, m'a demandé si ça me disait d'aller chez lui. J'ai refusé, je préférais faire un tour en voiture.

— Où ?

— Je ne sais pas. J'ai besoin de parler, ai-je répondu.

Mais une fois dans la caisse j'ai gardé le silence.

Il avait envie d'acheter à boire. J'ai hoché la tête. On s'est arrêtés dans une épicerie tenue par une vieille. Il m'a dit de choisir ce que je voulais, alors j'ai ouvert le frigo et pris deux bières. Tout ce qui comptait, c'était qu'elles soient glacées. Je les ai montrées à la vieille et lui ai demandé un paquet de cacahuètes.

— Je n'en ai qu'en vrac.

J'en ai pris cent grammes.

Ezequiel ne voulant pas de bière, il a demandé à la vieille trois flasques de je ne sais quoi, puis il a payé et on est partis.

On a bu un peu sur le trottoir, jusqu'au moment où Ezequiel s'est décidé.

— Allez, on y va.

On est montés dans la voiture.

J'avais éclusé la moitié d'une binouze que j'ai posée entre mes pieds. J'ai mangé une poignée de cacahuètes pour ne pas avoir mal au ventre.

— Tu vas me dire ce qui se passe ? m'a-t-il lancé.

— On part, ai-je répondu comme si c'était suffisant.

Il a gardé le silence en conduisant, attendant que j'en dise plus.

— On part, Ezequiel, on quitte la maison.

— Pourquoi ?

— Parce que je n'en peux plus des gens et de la terre.

Il donnait l'impression de ne pas avoir entendu, concentré sur le volant, comme si de rien n'était, puis il a ralenti et s'est engagé dans une rue sombre et déserte.

— Je ne veux pas qu'il y ait plus de morts.

Il a roulé sur le rebord du trottoir et s'est arrêté près d'un arbre sans lâcher le volant. Je regardais à l'extérieur et me suis remise à boire, plusieurs gorgées de suite.

— Vous partez loin ?

— Je n'en sais rien.

J'ai terminé la bière, ouvert la portière et suis sortie pour jeter la bouteille. J'essayais d'imaginer comment on pourrait continuer, Ezequiel et moi, et tout me semblait insignifiant. Se parler au téléphone, tchatter. Il n'y avait rien que je puisse dire, rien qui nous rassure, ni moi ni lui.

Je suis remontée dans la voiture, me suis assise, tournée vers lui.

— On finira bien par avoir une idée.

J'ai baissé les yeux. Ezequiel n'a pas répondu. Il a bu, j'ai regardé ma deuxième bière.

— Tu m'emmènes au cimetière ?

— Au cimetière ?

J'ai fait oui en lui demandant qu'on passe d'abord dans une autre épicerie parce qu'il nous faudrait plus de carburant.

52

On partait. On était trois, trois sacs à dos, trois portables. Mon sac et celui de Walter bourrés à bloc. Celui de Miseria plus mince qu'elle, à croire qu'elle n'emportait qu'une paire de leggings.

On marchait sur le bas-côté de la route. Les phares d'un camion qui venait en face ont fendu l'obscurité, puis un autre et encore un autre sont passés. Il y avait toujours des camions sur la nationale. Leurs lumières étaient si fortes que par instants elles nous laissaient à moitié aveugles.

J'aurais pu demander à Ezequiel de nous amener n'importe où, mais je n'ai pas voulu. La veille, j'avais failli vomir dans sa voiture. Sans compter que ça aurait été dix fois plus dur de m'arracher.

J'ai continué à marcher, mais en serrant mon mobile dans ma main, comme si à compter de maintenant Ezequiel serait rangé là.

On a traversé une avenue. Les jours de pluie, cet endroit s'inondait au point de ressembler à un fleuve. Quand j'étais petite, je ne voulais jamais l'emprunter. J'avais l'impression que les bouches d'égout allaient m'engloutir. J'ai ri en me souvenant de ça.

La plupart des maisons étaient plongées dans le noir, les magasins fermés à jamais. Un chat s'est glissé à travers une fenêtre cassée et nous a regardés comme s'il n'en avait rien à foutre de rien.

Seuls les camions nous éclairaient et leurs phares s'éloignaient avec eux. Il n'y avait quasiment pas d'autres lumières.

Je pensais à ce que Walter avait dit : « Pour partir, on prendra un bus, un train ou n'importe. Ce qu'on trouvera. »

On a dépassé une station-service abandonnée. Elle était énorme et j'étais incapable de me rappeler si je l'avais vue fonctionner un jour ou si elle avait toujours été ainsi, ses portes condamnées par des planches clouées qui ne permettaient pas d'en voir l'intérieur. Jamais une seule lumière. Les fois où je passais par là, je m'arrêtais pour lire les inscriptions sur les planches. Je les connaissais presque toutes. Le cœur qui disait : « Yani et Lara 4ever » et, plus bas : « Lucas c'est fini pour toi ». Quelqu'un avait tagué à la bombe noire : « *Vive Los Pibes del Portón* ». Plus loin, un pochoir qui apparaissait partout dans le quartier : « Melina danse dans mon cœur de lesbienne » et, écrit en énormes caractères en travers des planches : « Respect, gros : Podestá est ta terre ».

Je me suis arrêtée pour reculer de quelques pas et tout voir avec du recul : « Podestá est ta terre ».

Avant qu'il vende sa bécane, Miseria avait demandé à Walter de lui apprendre à conduire. Il avait refusé.

— Je veux dire, pas maintenant, plus tard, ailleurs, quand tu t'en seras racheté une autre, avait-elle répondu.

« Ailleurs »... Comme si on allait en Chine.

Miseria et Walter étaient à un peu moins d'une centaine de mètres de moi.

Seule, immobile devant la station d'essence, j'ai enlevé mes baskets et planté les pieds dans la terre. Je les ai bien enfoncés en relisant au moins deux fois les graffiti. Je devais y aller.

Je me suis accroupie et je l'ai touchée. Elle était froide mais elle me plaisait : c'était de la terre, pas des ordures ou de la poussière. De la terre de mon quartier. J'en ai pris une poignée que j'ai serrée dans ma main. La terre savait que j'étais allée là-bas ?

En me redressant, je l'ai fourrée dans ma poche.

Puis je me suis rechaussée et dépêchée de rejoindre Walter et Miseria.

53

On était dehors, à attendre sur le bas-côté de la nationale.

Plusieurs bus passaient par là et il n'était pas encore très tard.

— On prend le premier qu'on voit, a dit mon frère et nous, on a trouvé ça bien.

Au loin, on a vu les phares d'un bus.

— Où est l'arrêt ? ai-je demandé.

Miseria a souri en haussant les épaules pour montrer qu'elle l'ignorait, mais quand il s'est approché elle a levé la main.

Il s'est arrêté. On est montés, il était presque vide. Un vieux dormait sur un siège et, près de la porte, un couple s'embrassait. Au fond, personne. J'ai pris trois billets sans connaître sa destination.

Walter et Miseria se sont assis à l'arrière, tout près de l'autre porte.

— Il me faut la fenêtre, ai-je dit à Miseria.

Elle m'a regardée et j'ai cru qu'elle allait me vanner, mais en me voyant très sérieuse, elle s'est assise de l'autre côté.

On partait.

Moi contre la vitre, près de Walter et de Miseria affalée sur le siège, la tête sur l'épaule de mon frangin.

Quand le bus a tourné à un coin de rue, j'ai pu voir ce qu'on laissait derrière nous. Il n'y avait pas un chat, mais là où on allait tout avait l'air plus sombre.

J'ai pensé que j'étais seule et que je pénétrais dans un endroit nouveau. La nuit le cachait un peu et quelques lumières me le montraient. J'ai pris la terre au fond de ma poche, il n'y en avait pas beaucoup. Le bus cahotait, on roulait dans des rues en mauvais état. J'ai mis la terre dans ma bouche, je n'avais rien pour la faire passer, mais ce n'était pas un souci. J'avais envie de la sentir.

Je me suis appuyée contre la vitre en fermant les yeux et une voix qui m'a donné envie de dormir m'est parvenue :

— Mangeterre, l'endroit où tu as appris à lire la terre n'existe plus.

Dans ma tête, un lieu que je connaissais a commencé à se dessiner. Comme si j'avais allumé une bougie, mes yeux se sont habitués à la pénombre. Walter, Miseria et moi étions assis dans notre petit salon, l'air fatigués. Tristes. On était plus âgés que maintenant. Un gamin courait partout et j'essayais de le suivre des yeux. Il a trébuché. Un mur condamnait la porte de la chambre de mon frère. Le garçon a posé une main sur les briques nues. Les briques et l'enfant étaient nouveaux et étranges à mes yeux. Walter a appelé le garçon, qui a couru pour grimper sur ses genoux.

Il y avait des bouteilles, beaucoup de bouteilles dans la petite pièce.

— Mangeterre, l'endroit où tu as appris à lire la terre n'existe plus, a répété la voix.

Je me suis fâchée.

Mon portable a sonné. J'ai voulu répondre mais je ne pouvais pas. Je ne voyais ni les touches ni le numéro qui s'affichait. J'ai pensé que c'était Ezequiel, j'ai perdu patience.

— Ils t'attendent, a dit Ana, furieuse. Tu as du travail, même si ta maison s'est écroulée et s'il ne reste que le petit salon. On en enterre un autre.

J'ai ouvert les yeux.

J'ai songé au moment où Ezequiel, la veille, m'avait accompagnée sur la tombe de maman. J'ai songé à la tombe voisine, aux mots que j'avais lus dessus. Un très long texte. Sur celle de maman ne figuraient qu'un nom et deux dates.

J'ignore qui avait fait mettre la dalle. Ce n'était ni Walter ni moi.

Des pierres tombales. Comme si on pouvait envoyer une lettre à ses morts.

Ana n'en a jamais eu.

Maman n'avait que son nom et les dates.

J'ai tourné la tête. Mon frère avait passé son bras sur les épaules de Miseria et ils dormaient tous les deux.

J'avais très envie de boire une bière. J'ai inspiré profondément, sentant encore la terre dans ma bouche, mais je n'ai pas refermé les yeux. J'ai plongé mon regard dans la nuit par la fenêtre du bus, expiré l'air doucement en repensant à la tombe de ma mère, à celle d'à côté, à Ezequiel et moi en train de picoler comme si c'était la fin du monde.

« Ezequiel », ai-je dit, et j'ai pensé que moi aussi, ailleurs, je voulais un prénom qui m'appartienne.

Remerciements

Merci à Selva Almada et à Julián López, qui savent être des maîtres.

À Marcelo Carnero et Victoria Schcolnik, qui m'ont fait profiter du centre Enjambre et de leur présence dans mon premier espace d'écriture. À tous mes collègues de l'atelier et des séminaires, qui ont été mes premiers lecteurs.

À Vera Giaconi, qui m'a aidée à voir encore plus loin et à l'écrire.

Merci à mes enfants : Ashanti, Ezequiel, Reina, Eva, Valentín, Ariadna et Benja pour tout ce temps.

13562

Composition
NORD COMPO

Achevé d'imprimer à Barcelone
par CPI BLACKPRINT
le 7 août 2022

Dépôt légal août 2022
EAN 9782290249772
OTP L21EPLN002937-435420

Éditions J'ai lu
82, rue Saint-Lazare, 75009 Paris

Diffusion France et étranger : Flammarion